8° V
31696
(1867)

AF494633

SOCIÉTÉ
[illegible]
DES ARCHITECTES

CONFÉRENCE INTERNATIONALE

JUILLET 1867

PARIS.
IMPRIMÉ PAR E. THUNOT ET Cie,
RUE RACINE, 26, PRÈS DE L'ODÉON.

1867

SOCIÉTÉ

IMPÉRIALE ET CENTRALE

DES ARCHITECTES

8° V.
31696

Paris. — Imprimé par E. Thunot et Cᵉ, 26, rue Racine

SOCIÉTÉ

IMPÉRIALE ET CENTRALE

DES ARCHITECTES

3676

CONFÉRENCE INTERNATIONALE

JUILLET 1867

PARIS.

IMPRIMÉ PAR E. THUNOT ET Ce,

RUE RACINE, 26, PRÈS DE L'ODÉON.

1867

1868

Le 6 juillet 1866, la Société impériale et centrale des architectes, réunie en assemblée générale, adoptait une proposition ainsi conçue :

A l'époque fixée pour l'Exposition universelle de 1867, la Société impériale et centrale des architectes prendra l'initiative d'une conférence internationale à laquelle elle appellera tous les architectes français et étrangers.

Dans la même séance, le programme des sujets à traiter dans cette conférence était arrêté dans les termes suivants :

« 1° Quel est l'état actuel de l'architecture chez les différents « peuples contemporains, et quelles en sont les tendances ? »

Cette question sera traitée principalement au point de vue esthétique et philosophique.

« 2° Quelles sont les méthodes d'enseignement en usage à « notre époque dans chaque pays ? »

Faire l'exposé de ces méthodes ; en indiquer les principes et les conséquences, les avantages et les inconvénients.

« 3° Exposer le rôle de l'architecte dans la société au point « de vue professionnel. »

Faire ressortir sa situation dans chaque pays devant l'État, les administrations, les particuliers, et dire quelle est la jurisprudence qui la régit.

« 4° Traiter de l'influence de l'architecture sur les productions de l'industrie. »

Restreindre autant que possible ce sujet à l'époque moderne.

Les réunions de la conférence internationale ont eu lieu les 22, 24, 26 et 29 juillet 1867.

Le conseil, dans sa séance du 25 octobre, a décidé que les discours qui ont été prononcés dans ces réunions, seraient imprimés et publiés aux frais de la Société.

Le président, membre de l'Institut, Victor Baltard.

Le secrétaire principal, A. Hermant.

CONFÉRENCE

INTERNATIONALE

SOCIÉTÉ IMPÉRIALE ET CENTRALE DES ARCHITECTES.

CONFÉRENCE INTERNATIONALE.

Présidence de M. Victor BALTARD, membre de l'Institut.

SÉANCE DU LUNDI 22 JUILLET 1867.

M. LE PRÉSIDENT. Messieurs, nous devons d'abord nous féliciter des circonstances favorables qui ont permis la réunion à laquelle nous assistons aujourd'hui. Il doit en résulter un grand bien, je l'espère, pour notre art, pour notre profession. Nos conférences profiteront aussi aux bonnes relations qui nous unissent, relations que nous cherchons non-seulement à développer entre nous, qui habitons Paris, mais encore entre nous et les architectes des départements et les architectes étrangers qui ont bien voulu répondre à notre appel.

Nous leur adressons à tous un vif remercîment de n'avoir pas craint de quitter leurs affaires, leurs pays et leurs familles pour nous donner ici un témoignage aussi éclatant de bonne confraternité.

Le nombre des personnes qui, répondant à nos ouvertures se sont fait inscrire pour ces conférences était plus considérable que ne semble l'annoncer l'assistance que j'ai l'honneur de présider. Nous venons de recevoir en effet des lettres de quelques-uns de nos confrères français ou étrangers qui expriment leurs regrets de ne pouvoir arranger leurs occupations de manière à prendre part dès ce jour à nos réunions, ou qui, en nous prévenant qu'il leur est impossible de venir à la première séance, espèrent arriver à temps à Paris pour se trouver aux conférences suivantes.

M. Donaldson, de Londres, particulièrement nous prie d'exprimer à ses confrères les sentiments d'amitié et de réciprocité des architectes anglais à leur égard. M. Stanmann, d'Amsterdam, nous envoie aussi l'expression de ses regrets de ne pouvoir se rendre à cette séance d'ouverture ; il ajoute qu'il espère arriver à Paris à temps pour se trouver aux séances suivantes, et nous annonce la venue d'autres architectes hollandais.

Comme il faut, Messieurs, mettre de l'ordre à toutes choses et savoir en commençant, quelle marche on se propose de suivre, je dois d'abord vous prier de bien entendre qu'il s'agit ici de véritables conférences, qui permettront les interruptions et la controverse, lorsque la plupart des conférences ne sont, en quelque sorte, que des leçons et comme un professorat exercé par celui qui tient la parole. Dans nos conférences, dis-je, non-seulement les contradictions seront permises, mais encore sollicitées, en vertu de ce principe que le choc et le frottement sont les éléments naturels de la chaleur et de la lumière.

Dans le but d'observer l'ordre nécessaire à toute discussion, je prierai donc MM. les membres de cette assemblée qui voudront traiter soit les quatre questions arrêtées à l'avance, soit d'autres questions de notre compétence, *ex professo*, avec suite, et en quelque sorte en un discours, de s'inscrire, afin que la parole puisse être donnée à chacun successivement, d'après l'ordre des inscriptions.

Je vais, si vous le permettez, Messieurs, rappeler les questions qui ont été posées dans le programme qui vous a été distribué, car il se trouve parmi nous quelques membres étrangers avec qui nous communiquons pour la première fois, et d'ailleurs, certains de nos confrères de Paris peuvent n'avoir pas conservé le souvenir précis de ces questions.

La première question, celle qui sera traitée aujourd'hui, est ainsi conçue :

Quel est l'état actuel de l'architecture chez les différents peuples contemporains et quelles en sont les tendances ?

A la séance prochaine, c'est-à-dire mercredi, on traitera cette seconde question :

Quelles sont les méthodes d'enseignement en usage à notre époque dans chaque pays ?

La troisième question, celle qui sera examinée vendredi, est celle-ci :

Exposer le rôle de l'architecte dans la société au point de vue professionnel.

Enfin, lundi prochain, la dernière question sera développée devant vous, en voici les termes :

Traiter de l'influence de l'architecture sur les productions de l'industrie.

Les séances commenceront à trois heures précises et je crois inutile de dire combien, dans l'intérêt de tout le monde, l'exactitude est nécessaire.

Ceci entendu, je prie de nouveau MM. les membres présents de s'inscrire au bureau pour celles des questions sur lesquelles ils voudront prendre la parole, soit dans la séance d'aujourd'hui soit dans les séances postérieures.

Nous abordons maintenant la première question qui est à l'ordre du jour de cette séance.

M. A. Hermant : Messieurs, lorsque je considère l'importance du sujet sur lequel je suis appelé à parler devant vous, et lorsque je songe au peu d'autorité et à l'inexpérience que j'apporte à cette tribune, je sens combien votre indulgence m'est nécessaire, et mon premier soin est de la solliciter. Je la sollicite donc, non pour obéir à l'usage, comme le font chaque jour les maîtres en l'art de bien dire, quand ils réclament de leur auditoire une bienveillance dont ils ne sauraient douter et une attention que leur talent ne peut manquer d'obtenir ; je la sollicite avec la conscience d'une insuffisance à laquelle vos dispositions favorables seules peuvent faire contre-poids.

Permettez-moi d'espérer, messieurs, qu'elles ne me feront pas défaut.

Au reste, je tâcherai d'abuser le moins possible de vos moments, et j'abrégerai, dussé-je traiter trop succinctement une question qui comporte de longs développements.

Cependant, quel que soit mon empressement d'entrer en matière, je ne puis échapper à l'obligation de vous soumettre quelques observations préliminaires.

Ainsi je dois vous dire que, malgré le caractère d'universalité que présente la question qui nous occupe en ce moment, il n'entre dans mes intentions de l'aborder qu'au point de vue de mon pays. Eussé-je la volonté d'être plus étendu et plus général, je ne m'en sentirais pas les moyens. Mais je me conforme en cela à l'esprit qui a inspiré les auteurs du programme.

Quel est l'état actuel de l'architecture chez les différents peuples contemporains, et quelles en sont les tendances?

Cet énoncé est, pour nos hôtes étrangers, une invitation à nous instruire de l'art qu'ils pratiquent dans leur patrie; pour nous-mêmes, l'engagement d'exposer nos principes sur celui que nous cultivons. Les rôles sont donc tracés.

Je dois vous dire encore que, tout en étant appelé à cette place par les suffrages d'un certain nombre de confrères, je n'y viens point parler au nom d'une école, d'un parti, qu'aucune idée de coterie ne se mêle à cette réunion internationale, enfin qu'ici, où tous peuvent s'exprimer librement, chacun est responsable de ses idées et de son langage.

Je dois enfin appeler votre attention sur ce point que le programme me prescrivait d'étudier la question proposée au point de vue esthétique et philosophique. Si donc quelques-unes des considérations que je présenterai semblaient s'éloigner du sujet, je vous prie de ne point vous arrêter à l'apparence ; elles n'y seront jamais étrangères.

Tout d'abord, messieurs, j'essayerai de préciser la fonction essentielle de cet art de bâtir dont je vais vous parler, de cet art que nous pratiquons tous et sur la fin duquel peut-être tous ne sont pas d'accord. Le besoin d'asseoir mon argumentation sur une base fixe et déterminée me paraît établir la légitimité de ce point de départ. Aussi ne m'arrêterais-je pas à le justifier si je ne tenais à prouver que, dès le début, je suis au cœur même de la question.

La preuve, au reste, m'est facile, puisqu'il me suffit de rappeler que, en parlant de préciser la fonction de l'art de bâtir, je touche à un sujet controversé.

Vous savez tous, messieurs, à quel dissentiment d'école je fais allusion. Vous savez que, il y a trente ans et plus, une définition célèbre : L'architecture est la construction décorée, a vu le jour chez nous.

Vous savez que, parmi nos artistes, les uns se sont ralliés à cette théorie et lui sont restés fidèles, d'autres l'ont repoussée et la combattent encore. Quoique datant de loin, le débat est donc toujours plein d'actualité.

Reprendre la question, c'est évidemment se ranger au nombre des opposants; et, permettez-moi de le dire, ce n'est pas là un médiocre embarras pour celui qui a l'honneur de parler devant vous. Différer d'opinion avec des hommes aussi considérables par le mérite qu'ils sont respectables par l'âge est présomptueux déjà; mais oser, peut-être en leur présence, soutenir des principes qui s'éloignent des leurs, peut passer pour de l'audace. Et ce serait de l'audace, en effet, si l'on ne savait qu'ils sont toujours les premiers à donner l'exemple de l'indulgence comme ils offrent sans cesse celui du talent.

Cependant, messieurs, ne suffit-il pas qu'une doctrine soit contestée pour qu'il soit permis de poser à nouveau le problème et d'en chercher la solution? Et n'est-on pas excusable si, le faisant, on obéit, non à l'esprit critique, mais à la conviction profonde que cette doctrine a pour conséquence fâcheuse de faire considérer l'architecture moins comme un art que comme une industrie, ce à quoi le public n'est que trop porté? Eh bien! cette conviction, je l'ai; et c'est elle qui me soutient, c'est elle qui me donne le courage de poursuivre.

L'architecture est un art, — ce n'est pas dans

cette réunion que ce principe sera combattu, — l'architecture est un art, ou plutôt un mode, une manifestation particulière de l'art. Quel mode? quelle manifestation? Je tâcherai de l'expliquer tout à l'heure; mais, avant de préciser une manière d'être spéciale de l'art, il me semble indispensable de déterminer ce qu'est l'art lui même considéré absolument.

Les matières spéculatives ne se prêtent pas, comme les sciences mathématiques, aux définitions brèves et concises. Elles se soumettent, en outre, difficilement à ces énoncés *à priori* que suit une démonstration; c'est par déductions successives qu'elles conduisent à un résultat certain. Je procéderai donc par déductions.

La psychologie nous fait connaître, dans l'âme humaine, trois facultés : la faculté de penser, de raisonner, ou l'entendement; la faculté de sentir, ou le sentiment; la volonté, qui est la faculté d'agir ou de s'abstenir. De ces trois facultés, les deux premières, l'entendement et le sentiment, ont chacune pour fin dernière un objet particulier :

L'objet de l'entendement est le vrai ;

L'objet du sentiment est le beau.

Sous l'empire de la troisième de ses facultés, de la faculté active, l'homme travaille à l'accomplissement de ces deux fins :

Il tend au bien par le moyen de la science ;

Il tend au beau par le moyen de l'art.

Ceci me permet déjà de poser ce principe que

l'art a pour fonction essentielle la manifestation du beau.

Je pourrais ajouter : comme la science a pour fonction essentielle la connaissance du vrai ; mais je ne saurais m'occuper de la science que très-subsidiairement et seulement lorsque le sujet l'exigera. C'est de l'art que je dois vous entretenir en quelque sorte exclusivement.

Vous le comprenez, messieurs, si j'affirme en ce moment sans m'arrêter à démontrer, c'est qu'il s'agit de résultats acquis, de principes qui ne peuvent soulever de discussion. La philosophie n'en est plus à établir que le plus beau privilége de l'homme est de connaître la fin de ses facultés et d'y aller volontairement et librement. Cependant, sans songer à remettre en question des principes incontestables, je veux exposer rapidement comment, dans le cas particulier qui m'occupe, l'homme a conscience du but qu'il poursuit, et encore comment il le poursuit, car ce sont là les éléments de la solution que je cherche.

L'homme connaît le beau par ses manifestations dans les formes finies et sensibles du monde physique ; c'est de la création qui l'entoure que lui en vient la première révélation. Une fleur épanouie, le brillant plumage d'un oiseau, l'or et l'azur des ailes d'un insecte, excitent les transports d'un enfant avant, pour ainsi dire, qu'il sache prononcer le mot inventé pour traduire son impression.

La simple notion qui résulte de cette première

révélation devient bientôt une connaissance réelle. L'homme, en effet, ne tarde pas à comprendre que si les détails accessoires changent sans cesse, si aucun être n'est parfaitement semblable à un autre, s'il n'y a point d'espèces sans variétés nombreuses, il doit être pour chacune d'elles un type dont les principaux caractères sont ineffaçables et permanents. Alors l'idée de ce type naît dans son esprit et devient le critérium de tous ses jugements ultérieurs.

Mais ce n'est pas tout. Quand bien même la nature aurait réalisé dans un individu le type dont je parle d'une manière aussi complète que possible, par conséquent aurait manifesté le beau, ce beau est encore incarné dans une forme matérielle; il est donc limité, fini, relatif. L'homme ne s'arrête pas là. En vertu de sa constitution intellectuelle, aussitôt qu'il connaît l'imparfait, le fini, le contingent, le relatif, il conçoit le parfait, l'infini, le nécessaire, l'absolu. Il s'élève donc de la connaissance du beau relatif que lui donne la nature à la conception du beau absolu s'identifiant avec l'idée pure, avec l'idée vraie, avec l'idée mère qui donne aux types leur empreinte.

Dès que l'être sentant et pensant s'est élevé, — sciemment ou instinctivement, peu importe! — à cette intelligence complète du beau, l'être agissant intervient et s'attache à reproduire et à multiplier les manifestations d'un état de la matière qui le charme et excite son admiration. Il fait plus, il s'efforce de corriger les imperfections inhérentes à toute chose réalisée dans le monde contingent, imperfections devenues sensibles pour lui qui a conscience de l'absolu.

L'homme procède alors comme la nature dont il s'applique à continuer l'œuvre; il procède par création. Or toute création implique trois choses distinctes et n'implique qu'elles : l'idée, la puissance et la matière; ou, si l'on veut, une conception première, une expression sensible de cette conception et un intermédiaire qui n'est autre que le pouvoir d'exprimer. Donc l'homme, considéré comme être actif, conçoit d'abord, ensuite exprime; c'est l'idée qui commande; la matière obéit.

J'insiste sur ce point que je considère comme capital, et je répète : Dans toute création, la matière est une esclave que gouverne la pensée. J'y insiste, car si j'ai, non pas démontré, non pas même exposé, mais seulement énoncé avec exactitude comment l'homme passe de la simple notion à la connaissance du beau relatif, et de la connaissance du beau relatif à la conception du beau absolu, comment ensuite, concevant le beau et doué du pouvoir de l'exprimer, il modifie la matière confuse et la forme à l'image de sa pensée, je puis définir l'art : la puissance de manifester l'idée au moyen d'une forme sensible, selon les principes du beau.

Cette définition, messieurs, est générale et essentielle. Que l'art s'exprime par la forme et s'adresse à l'œil comme la peinture, la sculpture et l'architecture, ou qu'il s'exprime par le son, qui est une forme aussi, et s'adresse à l'ouïe comme la musique et la poésie, peu importe! Quel que soit le mode, il est d'abord et avant tout l'art, c'est-à-dire la puissance de manifester l'idée au moyen d'une forme sensible, selon les principes du beau. De sorte que, les modes n'étant que les manières d'être particulières de cette puissance, il suffit pour les faire connaître de préciser leurs moyens d'expression.

C'est ce que je veux faire aussi brièvement que possible, et en éliminant tout ce qui peut paraître s'éloigner du sujet. Ainsi, je viens d'indiquer incidemment la division des beaux-arts en deux catégories distinctes, selon qu'ils s'adressent à l'un ou à l'autre des deux sens au moyen desquels nous percevons le beau; une seule de ces deux catégories doit m'occuper, celle des arts qui nous atteignent par l'intermédiaire de l'œil.

Les manifestations que nous percevons par l'intermédiaire de l'œil sont produites dans le monde sensible au moyen de la forme étendue sous les trois dimensions. Trois modes, — je les ai déjà nommés, — la peinture, la sculpture et l'architecture, manifestent l'idée au moyen de la forme étendue.

Ces trois modes diffèrent entre eux par l'usage qu'ils font d'un moyen identique :

La peinture s'arrête à l'apparence;

La sculpture veut la réalité;
L'architecture cherche la loi.

Ceci, messieurs, n'est que la constatation de la manière dont chacun des trois arts du dessin en use avec la forme.

Tracer des lignes sur une surface pour arrêter un contour; fondre ou juxtaposer des nuances pour répartir la lumière et l'ombre, de telle sorte que l'épaisseur semble exister là où elle n'est pas; en un mot, représenter la forme : telle est la manière de la peinture.

Reproduire la forme dans son intégralité, sans fictions, sans illusions; la reproduire de façon que tout soit réel dans l'étendue, l'épaisseur comme les deux autres dimensions: telle est la manière de la sculpture.

Créer la forme, c'est-à-dire ne plus chercher ses types dans les formes expressives du monde physique, mais se conformer aux lois qui en déterminent l'ordre et le développement pour en produire de nouvelles : telle est la manière de l'architecture.

Dans l'exposé de ces différences, ce qui regarde la peinture et la sculpture est simple et facile à saisir. Ce qui concerne l'architecture est plus abstrait, par conséquent moins évident. Mais, comme l'architecture est mon objet, je n'hésite pas à m'y arrêter.

Je dis que l'architecture crée ses formes.

En effet, où trouver, dans l'art de bâtir, rien

d'analogue à ce qui a lieu en peinture et en sculpture?

Que le peintre ou le sculpteur veuille manifester une pensée, un sentiment ou une action, un être en est le siége, et de cet être, la nature offre le modèle. Ce modèle est un type dont l'artiste peut modifier le caractère, mais non la constitution.

Eh bien! ce modèle, ce type, l'architecte ne le rencontre nulle part; en sorte que ce n'est pas seulement le caractère de la forme, mais bien la forme même destinée à manifester l'idée qui doit être son œuvre.

Je dis encore que, en créant ses formes, l'architecture se soumet aux lois qui déterminent l'ordre et le développement de celles que la nature réalise.

Il n'est pas besoin, je suppose, de démontrer que la matière, en passant de l'état confus à l'état organisé, obéit à des lois. La perpétuation des espèces le prouve surabondamment. Il serait peut-être plus nécessaire de dire quelles sont ces lois; mais cela m'entraînerait hors des limites qui me sont imposées, et je me bornerai à en citer une comme exemple, la plus saisissante.

A mesure qu'on s'élève dans la série des êtres, on voit que les formes réalisées par la nature sont de plus en plus parfaites; et quand on arrive au sommet, c'est-à-dire au premier embranchement du règne animal, celui des vertébrés, on trouve comme loi suprême de la forme apparente la loi de symétrie. Ce n'est pas devant vous, messieurs, qu'il y a lieu d'insister sur l'importance du rôle que joue la loi de symétrie dans les créations architecturales; je crois donc l'exemple judicieux. Je le crois, en outre, suffisant pour faire comprendre ce qu'on doit entendre par ces mots : l'architecture soumet les formes qu'elle a créées aux lois qui déterminent l'ordre et le développement de celles que la nature réalise.

Si donc on veut admettre avec moi qu'il ne peut y avoir de doute ni sur le fait que je considère comme un attribut de l'art de bâtir, de créer les formes dont il se sert, ni sur la manière dont il les crée, il en résulte que ses moyens d'expression sont particularisés et par cela même précisés.

Et maintenant, messieurs, si vous voulez jeter un coup d'œil sur la route que nous venons de parcourir ensemble, vous verrez que nous avons recueilli tous les éléments d'une définition de l'architecture; car qu'est-ce que définir, sinon détailler les attributs essentiels d'un objet pour en faire connaître la nature ?

Nous savons que l'architecture est un art, c'est-à-dire un mode particulier de la puissance de manifester l'idée au moyen d'une forme sensible, selon les principes du beau.

Nous savons qu'elle fait partie des arts qui s'adressent à la vue, par conséquent qu'elle s'exprime au moyen de la forme étendue sous les trois dimensions.

Nous savons que, différente de la peinture qui

se contente de représenter la forme, d'en donner l'apparence, elle en donne la réalité.

Nous savons enfin que, différente de la sculpture qui se borne à reproduire la forme, elle la crée en se soumettant à des lois que lui révèle l'étude de la nature.

La fonction essentielle de l'architecture est donc de manifester l'idée, selon les principes du beau, au moyen de formes réelles qu'elle crée conformément aux lois qui président à l'ordre et au développement des formes naturelles.

En cherchant, comme je viens de le faire, à préciser la fonction essentielle de l'art de bâtir, je n'ai point obéi au vain désir d'opposer une définition à une définition et d'élever doctrine contre doctrine. Non, messieurs; mon but était tout autre, et je l'ai dit en commençant. Mon but était d'établir le principe qui doit servir de base à l'examen que je suis appelé à faire de l'architecture contemporaine et de ses tendances esthétiques. Cette base, ce principe, c'est que l'architecture, comme tout autre art, a pour fin la manifestation de l'idée, pour moyen la forme, et que le moyen est subordonné à la fin. Et je fonde ce principe sur ce que l'art n'existe qu'à la condition de créer, et que créer, c'est concevoir d'abord, exprimer ensuite. Hors de là, je ne vois plus la création, je vois l'arrangement, je ne vois plus l'art, je vois l'industrie.

Puisque l'architecture est une manière particulière de manifester l'idée, il est nécessaire d'indiquer maintenant de quelle nature sont les idées qu'il lui est donné d'exprimer.

Mais d'abord, messieurs, permettez-moi de revenir, par un mot seulement, sur cette expression : manifester l'idée, dont je me suis servi plusieurs fois et dont je veux fixer le sens. Je désire être clair, ce qui est souvent fort difficile quand on doit en même temps être bref.

J'ai dit : l'art est la puissance de manifester l'idée..... Or, comme pour tout le monde l'art exprime des pensées, traduit des sentiments et représente des actes, cette expression, si elle était détournée de son véritable sens, paraîtrait incomplète. C'est ce que je veux éviter; c'est pourquoi je l'explique.

Lorsque l'artiste exprime une pensée, traduit un sentiment ou représente un acte, ce n'est en réalité ni cette pensée, ni ce sentiment, ni cet acte qu'il manifeste, mais bien la conception dont ils ont été la cause et l'objet pour lui.

S'il me fallait appeler à mon aide un exemple, je citerais les concours et leurs résultats. Dans un concours, un programme est tracé; tout est défini, spécialisé. Cependant, quel qu'en soit le sujet, ce sujet donne lieu à autant d'expressions différentes qu'il y a d'œuvres présentées. D'où cette diversité provient-elle, sinon de ce que chaque concurrent exprime, non le sujet lui-même, mais la conception qu'il s'est formée de ce sujet.

Mais ce n'est pas là un point contestable; et je répète : ce que l'artiste manifeste, dans tous les cas, ce sont ses propres conceptions. Or une conception ne peut se former que dans l'entendement; une conception est donc toujours une idée, quel qu'en soit l'élément premier. Et quand je dis : l'art est la puissance de manifester l'idée..., j'entends l'idée que l'artiste a conçue en présence de tel acte, de tel sentiment ou de telle pensée que ce soit.

Et maintenant, messieurs, je reviens à la question que je me posais tout à l'heure : Quelle est la nature des idées, ou, si vous voulez, des conceptions qu'il est donné à l'architecture d'exprimer? Ou plutôt encore : quels sont les éléments conceptibles que l'architecte trouve dans le milieu ambiant? car la question ainsi formulée me paraît plus précise.

Je n'ai point à démontrer que l'acte n'offre matière à aucune conception architecturale; le fait saute aux yeux. Milon de Crotonne peut se faire dévorer par un lion; Judith peut trancher la tête d'Holopherne; arlequin et pierrot peuvent échanger un coup d'épée au sortir d'un bal; là où le sculpteur là où le peintre trouvent les éléments d'un chef-d'œuvre, l'architecte n'a rien à glaner.

Au premier abord, et si l'on juge par les moyens d'expression dont l'architecture dispose, il semble en être de même du sentiment. En effet, un mouvement interne de sensibilité n'est appréciable au dehors que par la modification qu'il amène dans l'état physique de l'individu qui le subit. C'est un geste, c'est une attitude, c'est un jeu de physionomie, un regard, une intonation qui révèlent la manière dont l'être est affecté, la nature de l'affection, son intensité.

Comment donc un art qui, sans doute, s'inspire auprès des formes vivantes du monde sensible, mais n'en copie, n'en imite aucune; un art qui n'interroge le milieu physique que pour y trouver des principes et n'y cherche point de modèles: un art enfin qui n'emprunte, pour exprimer ses conceptions, aucune des apparences connues de la matière organisée; comment cet art pourrait-il interpréter ou reproduire des phénomènes dont le siége est précisément dans l'organisme même des êtres animés?

Cela me semble difficile et peut-être impossible.

Cependant l'architecture n'est pas entièrement privée du pouvoir de manifester toutes les conceptions dont les éléments prennent naissance dans la sensibilité. Ainsi, il est incontestable qu'il y a des édifices qui expriment la tristesse d'une manière saisissante, d'autres qui respirent la plus franche gaieté. L'habitation nous révèle les goûts de l'habitant et personne ne confondra la cour d'honneur d'un palais avec le cloître d'un couvent. Un tombeau peut nous dire les penchants de celui qui n'est plus, les regrets de ceux qui le pleurent. L'art de bâtir n'est donc pas impuissant devant le sentiment; seulement, avouons-le, ses forces expressives sont, à son égard, restreintes et limitées.

La véritable source, la source la plus féconde des conceptions que peut manifester l'architecture, c'est la pensée ; non la pensée individuelle, mais la pensée générale, la pensée que tout un peuple accepte, qu'une génération entière subit. Il lui faut, pour faire éclater sa puissance, l'espace et le temps, l'universalité et la durée. Lorsqu'une idée puissante et absolue s'impose à une société jusqu'à devenir essentielle et dominante, — celle, par exemple, que la mort avait inspirée aux habitants de l'antique Égypte, — alors l'architecture élève des monuments qui font encore l'admiration du monde quarante siècles plus tard.

S'il m'était loisible de passer en revue les styles les mieux caractérisés, je sais et vous savez comme moi que je trouverais derrière chacun d'eux le principe social dont il a été l'expression. La Grèce, Rome, le moyen âge, la renaissance, viendraient déposer de la vérité de ce que j'avance ici. Quant à moi, certain de cette vérité, je n'hésite pas à voir dans l'art de bâtir un art essentiellement appelé à manifester les idées générales, les tendances morales et intellectuelles des sociétés.

Eh bien ! messieurs, ce rôle auquel il n'a jamais failli dans le passé, il le remplit encore à notre époque ; et, quand je l'aurai prouvé, j'aurai dit en même temps quel est l'état actuel de l'architecture.

Il est toujours difficile, pour celui-là même qui en a la ferme volonté, de parler de son temps avec impartialité, d'oublier ses sympathies, de faire taire ses préjugés, — qui n'en a pas! — Et cependant, ce n'est qu'en s'élevant au-dessus de son milieu qu'on peut l'apprécier.

Lorsque cette tâche vous est dévolue, le premier devoir à remplir envers soi-même est d'écouter les manifestations de l'opinion publique.

L'opinion publique n'est pas infaillible; loin de là! Elle est inhabile à connaître des principes et des causes; elle ne s'égare que trop souvent dans les fausses conséquences; elle amplifie presque toujours ses appréciations; mais il est rare qu'elle naisse d'une chimère, d'une illusion; et, sous l'exagération des idées et des sentiments, se cache ordinairement un fonds de vérité qu'il importe de ne pas négliger.

Pour nous, pour notre art, l'opinion publique a plus de sévérités que d'éloges.

L'architecture de notre époque, m'a-t-on dit cent fois, comme à vous sans doute, n'a pas de caractère précis, déterminé, et vous, architectes contemporains, vous manquez d'initiative, d'originalité. L'art du passé se résout en périodes, et chacune d'elles s'est affirmée par une expression particulière. Quel est donc le style de notre époque? Aujourd'hui, vous ne faites autre chose que multiplier les emprunts; vous prenez à tous les temps. Est-ce donc que vous ne sentez pas en vous la puissance de créer?

Tout d'abord, messieurs, chacun de nous se récrie à ce langage.

L'architecture de notre temps n'a pas de style, disons-nous! Mais, quand nous jetons un coup d'œil sur les deux tiers écoulés de ce siècle, est-ce que nous éprouvons le moindre embarras à en classer les productions? Est-il un œil assez inexpérimenté pour confondre le caractère d'un édifice élevé de nos jours avec celui d'un monument construit il y a trente ans, il y a soixante ans? Quel est donc le guide infaillible ici, sinon le style!

Et cette réponse n'est pas sans valeur, car elle repose sur un fait exact.

Cependant, il est une chose que nous ne pouvons nier. Dans la ville même où nous sommes, au moment qui nous réunit, à quelques pas, pour ainsi dire, les uns des autres, s'élèvent des édifices de physionomie essentiellement différente. Ici, l'artiste s'inspire des formes antiques. Là, il se laisse dominer par telle ou telle période de la renaissance. Plus loin, c'est l'art du moyen âge, roman, ogival, byzantin, que sais-je ! qu'il fait revivre à nos yeux. Tout cela incontestablement ne constitue pas l'unité; et, il faut le reconnaître, sans l'unité il n'est pas de style national.

De sorte que l'opinion publique pourrait bien n'avoir pas tout à fait tort.

Reconnaissons, messieurs, qu'elle a du moins pour effet d'appeler notre attention sur un sujet digne de la fixer : la multiplicité des formes adoptées par l'art de bâtir. En cherchant à l'expliquer, j'espère démontrer facilement que cette multiplicité est précisément ce qui constitue le caractère distinctif de l'architecture contemporaine.

Je vous ai dit que l'architecture est l'art des idées générales, des tendances morales et intellectuelles du corps social entier, et que ce rôle auquel elle n'a jamais failli dans le passé, elle le remplit encore aujourd'hui. Je vais exposer ce que sont ces idées générales, ces tendances intellectuelles de notre temps; je montrerai ensuite la situation qu'elles font à l'art.

Tout société est un être collectif qui, dans son principe, dans sa forme et dans son mouvement, présente de nombreuses analogies avec l'être individuel. Comment se composerait le tout, sinon avec les éléments de ses parties!

Une société donc a des facultés, des penchants, comme un individu, et des périodes de son existence pendant lesquelles certaines de ses facultés dominent les autres. Et comme à chacune de ses facultés correspond une direction particulière du mouvement intellectuel, à chacune de ces périodes correspondent des manifestations spéciales.

Le caractère distinctif des sociétés modernes est la prédominance de la raison.

L'émancipation de la raison a coïncidé avec la chute définitive du moyen âge, coïncidence qui ne fut d'ailleurs que celle de l'effet avec la cause. A ce moment, on a raisonné sur la justice, et le droit est né ; on a raisonné sur le libre arbitre, et la réforme a enlevé au pape la moitié de l'Europe ; on a raisonné sur les principes des choses, sur les causes premières, et la philosophie a remplacé la scolastique ; on a raisonné sur les données de l'observation, et la science a pris son essor.

La science a pris son essor et ne s'est plus arrêtée. C'est là, messieurs, le point sur lequel doit se fixer votre attention, car du mouvement essentiellement scientifique des temps modernes, et de l'époque contemporaine surtout, est né le principe qui gouverne toutes les créations intellectuelles.

Le progrès de la science depuis le XVIe siècle, le progrès constant, incessant, de plus en plus marqué, — si bien qu'il semble que nous sommes à l'apogée de ce mouvement, — ce progrès, dis-je, n'est pas de ces choses qu'on démontre, on le regarde et on le voit. En sorte que, quand je dis : le caractère distinctif des temps modernes est la prédominance de la raison ; et quand j'ajoute : la tendance intellectuelle de la société contemporaine est essentiellement scientifique, je sais que j'énonce deux vérités également évidentes dont la seconde n'est que le corollaire obligé de la première.

Ce fait établi, il s'agit d'en dégager les conséquences.

La première est celle que je viens de signaler il n'y a qu'un instant : du mouvement scientifique est sorti le principe qui gouverne les créations intellectuelles.

Quel est ce principe?

Disons-le de suite : ce principe est l'éclectisme.

Entendons-nous, toutefois. L'éclectisme, c'est-à-dire, si nous adoptons la définition de l'école contemporaine, le choix éclairé que l'on fait dans des idées déjà connues pour former un corps de science, l'éclectisme n'est pas une invention moderne. Ce mot rappelle sur-le-champ l'école d'Alexandrie qui essaya la fusion de la philosophie grecque représentée par l'aristotélisme et le platonisme avec les spéculations orientales ; école constituée deux siècles après l'ère vulgaire par Potamon, Ammonius Saccas, Plotin et Porphyre, mais existant déjà en germe dans les trois siècles précédents avec Philon le juif, Plutarque de Chéronée et Apulée de Madaure. Et lorsque, au commencement de ce siècle, un homme célèbre a posé en principe que toute doctrine excessive était erronée, mais que chacune devait renfermer quelque point de vérité, et que la mission de la philosophie était d'extraire ces vérités et de concilier tous les systèmes, il n'a fait que suivre la voie déjà tracée par l'école d'Alexandrie.

Je ne suis, messieurs, que très-médiocrement

partisan de l'éclectisme. Ce système me semble exclusif de toute conviction personnelle. Je vous nommais tout à l'heure Apulée de Madaure; j'en ai rencontré dernièrement le portrait ainsi tracé : Apulée était doué d'une grande érudition de lettré, de naturaliste et de philosophe; il possédait tous les secrets de la dialectique, toutes les ressources du barreau; c'était un esprit inquiet et chercheur, éclairé et superstitieux, crédule et sceptique; il était initié à tous les sanctuaires, disciple de toutes les écoles. Eh bien! Il me semble que ce portrait est la peinture fidèle de l'esprit éclectique et, pour moi du moins, sa condamnation. Et j'avoue que je suis peu disposé à changer d'opinion quand je vois que l'école semble s'être chargée de prouver elle-même la vanité de sa tentative en ajoutant à son point de départ qu'on doit juger les systèmes passés au moyen d'une philosophie déjà faite. Cependant, ce n'est pas de mon sentiment sur la doctrine dont je vous parle qu'il s'agit ici, mais de son existence indépendamment de toute appréciation.

J'ajoute d'ailleurs qu'il est un ordre de sciences pour lesquelles l'éclectisme est une nécessité et une loi. Ces sciences sont celles précisément qui se sont élevées au plus haut degré de perfection à notre époque : les sciences d'observation et les sciences d'application. Il est constant, et ce serait folie de le nier, que l'expérience du passé est la base du progrès de ces sciences; et c'est ici surtout le cas de dire avec Pascal : *Toute la suite des hommes, pendant le cours de tant de siècles, doit être considérée comme un seul homme qui subsiste toujours et apprend continuellement.* Il n'est donc pas étonnant que les savants aient fait profession de prendre dans les théories de ceux qui les ont devancés ce qu'ils jugeaient le plus exact ou le plus raisonnable, car, l'objet de la science étant le vrai, toute vérité acquise est bien acquise, de quelque côté qu'elle vienne.

Mais, messieurs, s'il est constant, d'une part, que les tendances intellectuelles d'une société sont essentiellement scientifiques, de l'autre, que la méthode la plus généralement adoptée par la science, la méthode souvent obligatoire pour elle est l'éclectisme, pouvons-nous être surpris de voir l'éclectisme se généraliser et s'établir à peu près partout dans cette société ?

Non en vérité !

C'est par une conséquence logique, c'est par une conséquence nécessaire de la tendance des esprits que l'éclectisme est devenu le trait dominant du XIXe siècle. Partie de la science, cette doctrine s'est introduite partout et spécialement dans l'art ; dans l'art de bâtir, j'entends ; je ne m'occupe plus que de celui-là.

Qu'est-ce, en effet, que ces édifices de physionomie si différente qui s'élèvent côte à côte? Qu'est-ce que cette multiplicité de formes dont on nous fait un reproche. Qu'est-ce que cette absence d'un style précis, déterminé, dans laquelle on veut voir un indice de la pauvreté de notre génie? Qu'est-ce que cela, sinon le résultat de l'influence éclectique. Cela me semble indiscutable, et c'est pourquoi l'architecture, en subissant cette influence, est encore, aujourd'hui comme toujours, l'expression fidèle des idées générales et des tendances intellectuelles de son temps. Cela me semble indiscutable, dis-je; et, s'il peut s'élever un doute, à cet égard, il n'est pas difficile de le détruire.

Il y a entre certains actes de l'intelligence un enchaînement tellement nécessaire, tellement inévitable qu'on ne saurait les séparer sans les anéantir. Tels sont l'éclectisme et l'érudition. Je ne sais si l'érudition a fatalement pour conséquence l'éclectisme, et j'ajoute que je ne le crois pas; mais je sais bien que l'éclectisme ne peut exister sans l'érudition. La première condition pour choisir est de connaître.

Or l'érudition ici, l'érudition pour nous, c'est l'étude des monuments du passé. Eh bien! jamais à aucune époque on n'a tant recherché, étudié, reproduit, répandu, propagé par le dessin, par la gravure, par la photographie, par tous les moyens possibles et avec une abondance sans précédents, les créations de l'art de tous les temps et de tous les pays. Et quelle a été la cause première de la diversité de nos études, sinon le besoin de satisfaire à une tendance préexistante. Et d'où vient l'immense développement donné à l'archéographie, sinon de ce que l'éclectisme s'est imposé à l'art.

Le fait donc prouve l'assertion; et, conscients ou inconscients, nous faisons tous de l'éclectisme.

Ce point établi, chacun peut en penser ce que bon lui semble, blâmer cette méthode en fait d'art, trouver qu'en favorisant l'individualisme elle tue l'unité qui caractérise les styles; mais qu'on regarde cette tendance comme bonne ou mauvaise, heureuse ou fatale, ce qui est impossible c'est de l'attribuer aux artistes, c'est de les en rendre responsables.

Permettez-moi, messieurs, d'insister sur ce point. Si je regarde comme un devoir d'écouter les manifestations de l'opinion publique, je dois avoir le droit de lui répondre; et ce droit, je voudrais en user.

La voie dans laquelle notre art est engagé par la force des choses est une source de reproches fréquents pour nous, cela vaut bien qu'on s'en occupe.

Ces reproches sont-ils fondés?

Je le nie.

Comment, voila une société qui, depuis quatre-vingts ans, semble n'avoir d'autre préoccupation que d'allier et d'équilibrer des idées souvent fort disparates; une société où le principe d'autorité lutte sans cesse avec le principe de liberté; où la souveraineté nationale et le droit divin sont, pour ainsi dire, encore en présence; où le clergé est gallican ou romain; où les disciples de Luther sont en désaccord au nom de leurs principes mêmes; où le rationalisme, l'empirisme, le matérialisme, le scepticisme ont des partisans; où les droits et les devoirs sont imparfaitement définis sous plus d'un rapport; où la répression et les peines sont encore l'objet d'expériences; où tout est matière à controverse, à discussion; une société qui tend au progrès, je le veux, j'en suis convaincu, et ce n'est pas son procès que je lui fais en ce moment, mais qui certes n'a pas un idéal précis, déterminé; et cette société nous accuse, nous architectes, de manquer de puissance, de ne pas savoir créer un style, le style du XIXe siècle!

Eh bien! cela est trop injuste et je lui réponds :

Nos monuments sont l'image de votre caractère; que pouvez-vous demander de plus?

La diversité de leurs formes, l'incohérence de leur style si vous voulez, j'y consens, sont l'expression fidèle de vos pensées, de vos sentiments, de vos croyances, remplis de doute et d'hésitation.

Et vous n'avez pas le droit de nous reprocher la pauvreté de notre génie, car vous ne lui fournissez pas d'autres aliments.

L'éclectisme est le trait dominant du XIXe siècle!

L'éclectisme est le caractère distinctif de l'architecture du XIXe siècle.

Il y a intime corrélation entre ces deux faits. L'art ne ment pas à sa mission; il la remplit au contraire d'une manière complète. Il est bien réellement et sans restriction la manifestation de l'esprit qui anime la société contemporaine.

Et voyez comme tout s'enchaîne entre les événements et les modifications que l'art a subies depuis peu.

A la fin du siècle dernier, l'influence française est rétablie en Italie, au point de vue politique; aussitôt l'effet s'en fait sentir; l'art romain réagit sur l'art français.

Quelques années plus tard, une expédition à jamais mémorable nous révèle l'Égypte, et vous trouvez, quoique rares, les traces de cette révélation dans certaines des productions d'alors.

Une autre expédition nous conduit en Grèce à la fin de la Restauration; l'art grec nous est mieux connu; nous nous modifions à son contact.

Le catholicisme abaissé par la révolution s'est peu à peu relevé; des partisans de l'art du moyen âge surgissent aussitôt.

La politique de Louis-Philippe est d'éviter le contact de l'étranger; la France se replie sur elle-même. Par contre-coup la renaissance française est remise en honneur; les productions du règne de Louis XV sont bientôt à la mode; et, comme la mode est changeante, celle du temps de Louis XVI prennent faveur quelques années après.

On est allé bien loin dans cette voie, je le sais. On peut dire, sans être taxé d'exagération, qu'on n'a reculé devant rien. Le moresque et le chinois ont eu leurs adhérents. Et je ne crains pas d'avouer que, le jour où j'ai vu constituer une commission scientifique et artistique du Mexique, je suis resté convaincu que l'on verrait bientôt apparaître en France le style astèque.

Mais, il faut le reconnaître ou manquer de logique, il serait plus que singulier qu'il en eût été autrement jusqu'ici ; il serait surprenant que cette situation ne se prolongeât pas. Sans chercher autre part que dans notre propre histoire, le passé explique le présent et, j'en suis certain, justifiera l'avenir quel qu'il puisse être.

En veut-on la preuve?

L'influence sociale et politique suffit à la donner.

Je prends la seconde partie du moyen âge, celle qui commence à l'an mil pour finir au XVIe siècle. J'y trouve deux périodes distinctes : la période romane qui correspond à la puissance féodale et à la puissance cléricale, pendant le XIe et le XIIe siècle; la période ogivale qui correspond à l'affranchissement des communes et à la première émancipation de la pensée. Je prends l'époque de François Ier, c'est-à-dire l'apogée du pouvoir royal en France avant que les rois aient des ministres comme Richelieu et Colbert. J'y trouve une expression toute nouvelle de l'art de bâtir. Je prends le siècle de Louis XIV, et je vois se renouveler, sous ce monarque, ce qui s'est produit sous François Ier.

Messieurs, si je voulais établir devant vous des rapprochements entre le caractère de ces diverses manifestations de l'art de bâtir et l'état social et politique auquel elles répondent, j'abuserais de votre patience, car, ces rapprochements, vous les avez faits vous-mêmes maintes fois et vous savez ce qu'on en peut dire. Je me borne donc à en évoquer le souvenir pour en venir à ceci : au point de vue social et politique, la tendance de notre siècle est la décentralisation, la revendication de la liberté, son établissement au profit de l'individualisme ; et le seul art qui puisse répondre à cette tendance est un art éclectique, un art essentiellement indépendant, celui-là même que nous pratiquons.

Sans me dissimuler tout ce qu'il y a d'incomplet dans ces aperçus, mais avec l'espérance que vous voudrez bien tenir compte de l'obligation où je suis, en présence d'un sujet aussi vaste, d'effleurer les questions plutôt que de les traiter, je veux aborder encore l'influence de l'esprit rationaliste et scientifique à un autre point de vue. C'est la seconde conséquence que j'aie à dégager du fait signalé précédemment que cet esprit pèse aujourd'hui sur toutes les créations intellectuelles et pèse d'une manière fâcheuse.

Je vous ai dit en commençant : l'homme tend au vrai par le moyen de la science ; il tend au beau par le moyen de l'art. Il est évident que, si l'on reste dans les hautes régions de la théorie pure, il n'y a entre ces deux fins ni contradiction, ni opposition. Mais, lorsqu'on passe de la spéculation à l'application, du vrai et du beau absolus au vrai et au beau relatifs; lorsqu'on quitte la catégorie des abstractions pour celle des réalités, il n'en est plus ainsi.

Dans le monde contingent, ce n'est que très-rarement qu'un rapport peut s'établir entre l'idée de vérité et l'idée de beauté. Il n'y a aucune similitude, aucune ressemblance même entre l'impression qu'elles produisent sur celui qui les reçoit.

La science me démontre que le carré fait sur l'hypoténuse d'un triangle rectangle est égal à la somme des carrés faits sur les deux autres côtés, ou que l'eau est un corps composé de deux volumes d'hydrogène et d'un volume d'oxygène. Aussitôt j'ai conscience d'une vérité incontestable, je l'accepte, je m'y soumets. Si j'en comprends l'importance, je la tiens en haute estime. Est-ce que j'en suis ému, par hasard? Non, en vérité! J'accepte la démonstration avec calme; je subis la preuve avec froideur. La science ne s'adresse qu'à ma raison; ma raison seule lui répond.

D'un autre côté, l'art me montre un édifice, un tableau ou une statue, ou me fait entendre une symphonie. Si l'œuvre est belle, elle me saisit et me transporte avant toute réflexion de ma part. Ce que j'éprouve est indépendant de toute analyse, de tout calcul; c'est de l'enthousiasme. Il me déplaît qu'on veuille me déduire les causes de mon admiration; il m'est pénible qu'on en critique l'objet. L'art s'est adressé à mon sentiment, et c'est mon sentiment qui lui répond.

Il faut que la science s'élève à des hauteurs incommensurables pour que l'on puisse trouver une analogie entre l'impression que causent ses découvertes et l'émotion esthétique. Newton, par exemple, en nous dévoilant l'ordre du monde, nous révèle un fait qui est plus que vrai, qui est beau d'une beauté morale dont rien ne surpasse la puissance. Mais, quand la science se borne à la démonstration d'un principe isolé ou d'un acte indépendant, le vrai reste simplement vrai et rien que vrai.

Ce n'est pas tout ! En fait de sciences et en dehors de la spéculation, l'idée de vérité se complique toujours de l'idée d'utilité ; et, entre le beau et l'utile, il n'y a rien de commun.

Je dis que le but poursuivi par le savant, en dehors de la théorie, est surtout et avant tout l'utile. Ai-je besoin de le démontrer ? Le géomètre se propose-t-il pour terme final d'établir l'exactitude de ses théorèmes, ou de mesurer l'étendue ? Le mécanicien se borne-t-il à demander les lois de l'équilibre à la statique, celle du mouvement à la dynamique, ou veut-il en définitif utiliser les forces motrices ? Messieurs, on ne s'appesantit pas sur un axiome, et ceci en est un.

Je passe donc à la seconde proposition : entre le beau et l'utile il n'y a rien de commun. Je n'ai pas la prétention de faire accepter cette seconde proposition comme la première, en quelque sorte sans examen; il ne m'étonnerait pas même qu'on la contestât; mais j'espère en prouver l'exactitude.

J'énonce de suite les trois points que j'entends établir : premièrement, le beau et l'utile diffèrent en principe; secondement, l'utile est indépendant du beau; troisièmement, le beau est indépendant de l'utile.

Premièrement, le beau et l'utile diffèrent en principe.

Le beau même fini, le beau réalisé dans le monde contingent, possède encore quelque chose d'absolu en lui-même; il existe indépendamment de l'homme qui en jouit. Supprimez par la pensée l'homme de la création, les magnificences de la nature n'en seront pas effacées. Lorsque la Vénus de Milo était enfouie, sa beauté n'en existait pas moins; elle était cachée, invisible et pourtant elle était.

Anéantissez, au contraire, toute relation, tout contact, entre l'utile et l'individu appelé à en jouir; qu'en restera-t-il? Que pourrait être l'utile sans usage, l'utile sans utilité?

Le beau est donc indépendant de l'être, tandis que l'utile lui est subordonné. Il possède toujours, ainsi que je le disais, quelque chose d'absolu; l'utile, au contraire, est toujours relatif. Dès lors, il est vrai qu'ils diffèrent l'un de l'autre dans leur principe même.

Secondement l'utile est indépendant du beau.

L'application exacte de la théorie ne fait aucune

part, si petite qu'elle soit, à la manifestation du beau. Développer une puissance, réaliser une économie, sans aucun souci de la forme, sans aucune préoccupation des lois qui la régissent, telle est la fonction du savant. Embellir son ouvrage est un acte essentiellement secondaire auquel il n'accorde qu'une minime attention ; cet embellissement ne saurait ajouter ni à la solidité ni à la précision.

L'idéal du savant, de l'ingénieur, de l'industriel, — l'industrie est le dernier mot de la science appliquée, — cet idéal est tout entier dans le mot d'Archimède : EUPHKA !

L'utile est donc indépendant du beau.

Troisièmement enfin, le beau est indépendant de l'utile.

Il suffit de considérer un objet à la fois beau et utile pour se convaincre qu'il est beau de sa beauté, utile de son utilité, et non beau parce qu'il est utile, utile parce qu'il est beau.

Supposez, par exemple, que cet objet soit un fruit, beau par le développement de sa forme, le velouté de son enveloppe, ses brillantes couleurs, utile par la propriété d'étancher la soif, de rafraîchir une bouche altérée. Donnez ce fruit à un aveugle. Il en connaîtra sur le champ l'utilité. Il dira : voilà un bon fruit! Dira-t-il jamais : voilà un beau fruit? L'utilité, par lui constatée, lui révèlera-t-elle la beauté qu'il ne voit pas? Non, vous le savez bien.

Le voyant, au contraire, admirera ce fruit sur

l'arbre même, placé hors la portée de sa main et sans souci de son utilité. Bien plus, il l'admirera même nuisible, même sachant qu'il recèle un poison sous sa splendide apparence.

Le beau est donc indépendant de l'utile.

Ainsi, messieurs, je constate une indépendance complète, — indépendance qui parfois peut dégénérer en opposition, — entre l'idée de vérité compliquée de l'idée d'utilité, d'une part, et l'idée de beauté, d'autre part.

Quelle en est la conséquence?

C'est qu'il y a là un équilibre à maintenir; équilibre nécessaire, indispensable, car la tendance générale ne peut s'établir dans un sens, sans que ce soit au détriment de l'autre. C'est encore qu'une société où domine l'esprit rationaliste et scientifique, plus préoccupée du vrai et de l'utile que du beau, constitue un milieu défavorable aux manifestations de l'art.

Je dis : défavorable aux manifestations de l'art, en général. Il me reste à montrer que, de tous les arts, le premier à subir l'influence d'un tel milieu, le premier à en souffrir, c'est l'architecture.

La démonstration sera courte.

Entre tous, l'art de bâtir est celui qui se rapproche le plus de la science par ses moyens d'expression, et de l'industrie par l'usage auquel ses œuvres sont destinées. Ce n'est pas une vaine devise que celle adoptée par notre Société : le beau, le vrai, l'utile; ce n'est pas une vaine devise, et l'architecture seule peut la porter.

Eh bien! là précisément est le danger.

En effet, du rôle en quelque sorte triple qu'elle est appelée à remplir, résulte pour l'architecture, plus spécialement que pour toute autre manifestation de l'intelligence, l'obligation de chercher cet équilibre dont je parlais il n'y a qu'un instant. Or, qui ne voit que cette science, que cette industrie, qui nous pressent, qui nous enlacent de tous côtés, tendent à donner au vrai et à l'utile la prédominance sur le beau? Qui ne comprend que si le jour devait arriver où, renversant l'ordre logique, on en vînt à dire : l'utile avant tout, le vrai s'il est nécessaire, le beau s'il se peut, ce jour-là l'architecture aurait cessé d'être un art.

Ou plutôt, non! car il n'est pas de puissance au monde capable d'anéantir une expression de la pensée humaine quand cette expression s'est manifestée. Seulement, les œuvres de ce temps diraient à la postérité : nous sommes les productions d'une société d'industriels; comme les œuvres du nôtre diront : nous sommes les créations d'une société d'éclectiques et de savants.

Messieurs, j'ai posé en principe que l'architecture est l'art des idées générales, des tendances morales et intellectuelles d'une société. J'ai montré que la tendance de la société contemporaine est essentiellement scientifique et industrielle. J'ai établi que la tendance scientifique a pour conséquence un éclectisme à peu près universel, que l'art de bâtir en subit l'influence, et que cette influence se traduit par l'individualisme au détriment de l'unité. J'ai fait voir enfin que la tendance industrielle constitue un milieu défavorable aux manifestations de l'art, en donnant à l'utile la prédominance sur le beau.

Le complément nécessaire de cette exposition serait, je ne l'ignore pas, l'examen des édifices qui s'élèvent autour de nous. Je devrais dire quelle somme considérable de talent se dépense chaque jour ; à ce point que, malgré des conditions que je n'hésite pas à regarder comme regrettables sous plus d'un rapport, nous n'en voyons pas moins surgir des œuvres pleines de mérite et d'originalité. Je devrais prouver une fois de plus par les faits que, si la situation actuelle offre un côté fâcheux, la responsabilité en incombe à la société ; que si, au contraire, elle présente quelques résultats heureux, le mérite en est aux artistes.

Mais je ne puis oublier que derrière les œuvres sont les hommes, et que, pour moi du moins, la plupart de ces hommes sont des maîtres. Je ne puis oublier que l'éloge aussi bien que la critique de leurs ouvrages pourraient paraître déplacés dans ma bouche trop peu autorisée. Je ne saurais donc me départir de la réserve que ma situation me commande à tous les points de vue.

A quoi bon, d'ailleurs ?

N'êtes-vous pas tous les meilleurs appréciateurs

de ce que vous voyez? Je craindrais d'abuser de votre bienveillante attention. Je ne suis peut-être que trop resté à cette place, et je me hâte de la quitter en vous remerciant d'avoir consenti à m'écouter si longtemps.

CONFÉRENCE INTERNATIONALE.

Présidence de M. Victor BALTARD, membre de l'Institut.

SÉANCE DU MERCREDI 24 JUILLET 1867.

Suite de la première question.

M. Louis CALLA (architecte de Paris). Messieurs, en remerciant tout d'abord de sa bienveillance votre honorable Président qui m'autorise à prendre la parole devant vous, je veux aussi vous prier de m'excuser si je vous demande quelques instants au début de cette séance pour ajouter plusieurs réflexions au discours éminent que j'ai été heureux d'applaudir avec vous dans la première réunion de ces conférences.

Je ne viens pas, messieurs, faire un discours. Je ne saurais en effet vous apporter ni les leçons recueillies par l'âge, ni le fruit d'une longue expérience. — Il appartient aux jeunes gens, vous le savez, de beaucoup regarder l'avenir. En quelques mots, je voudrais faire devant vous un acte de foi dans l'avenir.

Oui, messieurs, j'ai foi dans l'avenir de notre art. Il est permis de le dire, sans amour-propre national, mais avec l'autorité de ce concours de peuples et de souverains qui viennent admirer chez nous le déploiement merveilleux des progrès de l'industrie, l'Europe doit attendre beaucoup de notre pays. Elle a les yeux fixés sur la France, cet incomparable foyer d'où rayonnent les lumières glorieuses, d'où ont pu jaillir aussi les lueurs sinistres.

Dans son histoire de la civilisation, M. Guizot a tracé en termes d'une rare noblesse cette influence incontestée de notre patrie.

« Il serait excessif de prétendre qu'elle ait marché toujours et dans toutes les directions à la tête des nations. Elle a été devancée, à plusieurs époques, dans les arts, par l'Italie, comme dans les institutions politiques par l'Angleterre..... Mais il est impossible de méconnaître que, toutes les fois que la France s'est vue devancée dans la carrière de la civilisation, elle a repris une nouvelle vigueur, s'est élancée et s'est retrouvée bientôt au niveau ou en avant de tous (1). »

Mais, messieurs, plus cette influence d'une grande nation s'étend et s'affirme, plus grande aussi est la responsabilité qui lui incombe, plus grands doivent être ses efforts pour entretenir ou purifier ce foyer de la civilisation et des arts.

Si j'ai bien compris le remarquable discours qui a si bien captivé votre attention et recueilli vos légitimes suffrages, l'honorable M. Hermant, après

---

(1) M. Guizot, *Histoire de la civilisation en Europe*, 1re leçon.

un exposé vraiment supérieur des principes du beau et des lois de son expression dans les arts, après un tableau loyal et sincère de l'architecture contemporaine, ne s'est pas refusé à reconnaître des signes de décadence dans cet *éclectisme* dominant de nos jours; et il n'hésite pas à en rejeter la responsabilité sur la société dont notre art actuel, vous a-t-il dit, est la fidèle image et la véritable expression.

Mais, messieurs, pour déduire les conséquences de ce tableau si lucide et si vrai, ne nous est-il pas permis, après avoir entendu l'exposé des causes de cet état regrettable, de tenter la recherche des remèdes? L'art conservera-t-il ce rôle purement passif, aux dépens du véritable progrès? — Permettez-moi de ne le pas croire et d'avoir une confiance que je voudrais vous faire partager.

Il est loin de nous, il est vrai, le temps où une foule enthousiaste couvrait de fleurs et d'acclamations Pétrarque exalté et promené dans les rues de Rome; — où le peuple de Florence portait en triomphe la madone de Cimabüe dans l'église de Sainte-Marie-Nouvelle; — où la République Florentine rendait ce décret mémorable investissant de tout pouvoir et de toute liberté Arnolfo, le premier architecte de Sainte-Marie-des-Fleurs, qui allait en effet créer, dans l'essor de son génie libre et fécond, un des plus beaux édifices de la terre, en préparant un triomphe à Brunelleschi.

Ah! messieurs, si l'art et ses interprètes ont

perdu, hélas! ce divin prestige, qu'il nous soit permis d'espérer et d'attendre une puissante et salutaire réaction. Ah! la société aurait comprimé, détourné, corrompu dans l'art les sources vives du beau, pour le mouler ensuite à son image, incertain, confus, sans conviction comme elle! A son tour, n'en doutons pas, l'art réagira sur la société.

Dans quelles conditions pouvons-nous espérer une réaction si importante et que, pour ma part, j'appelle de tous mes vœux?

Je veux être bref, et je vous demande la permission de vous donner seulement en quelques traits rapides les raisons de mon espérance, et de laisser ensuite ce grand sujet à vos méditations.

Il me semble voir, messieurs, deux grands buts à atteindre : — d'abord, ce que j'appellerai *l'éducation esthétique de la société;* — et ensuite *l'indépendance de l'artiste.*

Certes, l'histoire de notre pays, à ne la prendre, si vous le voulez, que depuis la révolution de 1789, offre une suite de variations, aussi bien dans nos institutions politiques que dans les moindres détails de nos mœurs et de nos arts usuels. Comment ne pas voir, dans ce mouvement incessant, au milieu de tant de progrès incontestables, comment ne pas déplorer l'absence fréquente de principes déterminés et acceptés?

En ce qui concerne l'étude de l'art, la majorité de nos contemporains est d'une indifférence notoire. Si, à propos du beau et de ses manifestations, vous parlez de principes, si vous en appelez à la raison, vous étonnez, et l'on récuse l'intervention de la raison dans une sphère où l'on ne croyait avoir à invoquer que le sentiment.

Telle est, messieurs, en fait d'architecture, une des premières inconséquences de cette société qu'on vous représentait avec justesse comme livrée au rationalisme, au libre arbitre. De l'ordre des idées, cette inconséquence descend dans l'ordre des faits, et voilà comment, sous l'empire de cet état social, sous l'influence de cet esprit vague, confus et capricieux qui caractérise notre époque, nous voyons s'élever tant de constructions qui offensent à la fois la raison et le goût.

Ainsi messieurs, lorsque nous subissons, et ce n'est que trop fréquent dans l'art de bâtir, lorsque nous subissons la loi de nos contemporains, je nie qu'ils croient avoir à faire œuvre de raisonnement, et j'affirme que pour la part du sentiment artistique, leur goût n'est que trop souvent perverti d'avance par les caprices de la mode.

Que faire donc, messieurs, sinon de parer au mal à son origine et d'aspirer à une renaissance du goût public? — Que faire pour affranchir le goût? — pour le rendre à la fois plus libre et plus tolérant et (comme le dit un illustre critique) (1), plus large et plus élevé?

(1) Vitet, *Étude sur l'histoire de l'art* (tome Ier).

Ne faudrait-il pas dans l'éducation de la jeunesse, surtout dans cette période des études qu'on a si bien appelée *humanités* (*humaniores litteræ*), ne faudrait-il pas faire une plus large part à ces notions esthétiques, à cette étude des principes eternels du beau, dont nous pouvons déplorer l'absence presque complète dans les programmes de l'enseignement officiel? — Et ensuite, quoi de mieux, pour graver par des exemples cette première éducation théorique, que de répandre et de populariser l'histoire de l'art?

Oui, à part une étude élémentaire du dessin, l'art, dans les colléges, je ne crains pas de l'avancer, est à l'état de lettre morte, et la jeunesse, une fois arrivée à prendre place dans la société, est pour ainsi dire sans défense et toute prête à accepter ses préjugés, sa légèreté, ses inconséquences.

Donc, messieurs, c'est aux artistes qu'il importe d'éclairer cette voie, de solliciter des réformes, d'envahir l'enseignement et d'y tenir place à côté de l'histoire, des lettres et des sciences, d'intéresser, non pas seulement un petit nombre de privilégiés, mais la masse même de la société à l'esthétique et à l'histoire de l'art en les popularisant, de réparer par la noblesse et la dignité des œuvres les aberrations du goût public, de revendiquer pour eux-mêmes l'indépendance qui leur est due, enfin de poursuivre par tous les moyens ce *grand dessein* que j'ai appelé la *réaction de l'art sur la société*.

J'ai parlé aussi de l'*indépendance de l'artiste.* Ici, Messieurs, nous touchons à un point délicat; mais je ne crois, en aucune façon, mentir à la vérité en disant qu'une des erreurs les plus persistantes, la plus fâcheuse de toutes, peut-être, de la société contemporaine, est de comprimer dans l'artiste la liberté et l'initiative. — On veut dans l'architecte un habile ouvrier, ingénieux, mais docile, et plus souvent appelé à orner qu'à inventer. — On se méfie même de lui et, s'il a du talent, on le tient en suspicion comme un homme dangereux, sous prétexte que l'art coûte cher. Hélas! messieurs, n'avons-nous pas de tristes exemples de travaux fort dispendieux, et qui eussent pu tant gagner, confiés à de vrais artistes qui les auraient faits moins coûteux..... et plus beaux!

Cette influence *autoritaire*, et c'est, je crois, le nom qui lui convient le mieux, pèse sur l'architecte depuis les plus modestes habitations jusqu'aux édifices les plus importants, les plus nobles par leur destination; — et, vous le savez mieux que moi, l'œuvre de l'artiste, dans ces conditions, n'est plus seulement un travail, c'est une lutte.

Appelons donc de tous nos vœux une ère plus favorable à l'indépendance, à l'initiative. Faisons tous nos efforts pour revendiquer cette utile liberté, pour en maintenir les droits au profit de la grandeur de l'art et de la civilisation.

Et comme je ne saurais, comme je n'oserais parler à tant d'hommes expérimentés avec la voix du conseil, laissez-moi, tout jeune que je suis, invoquer l'autorité d'un grand poëte qui fut en même temps pour sa patrie un grand exemple.

Dans cette Allemagne où les spéculations philosophiques ont toujours été en faveur, Schiller, dans des lettres écrites précisément sur l'éducation esthétique de l'homme, supplie l'artiste de conquérir et de garder son indépendance, précieuse pour lui-même, plus utile encore à la patrie qui profitera de l'essor de son génie. Sans doute l'artiste est fils de son temps ; mais malheur à lui, dit-il, s'il en est aussi le disciple ou même le favori !

Ah ! messieurs, il rêvait, comme un peu plus tard M. de Lamennais, avec plusieurs âmes généreuses, il rêvait l'influence de l'art s'élevant à la hauteur d'un dogme pour ennoblir les progrès de l'humanité.

Et plus loin, Schiller, s'adressant à l'artiste, lui dit, et c'est par là, messieurs, que je terminerai : « Vis avec ton siècle, mais ne sois pas sa création. « Travaille pour tes contemporains, mais fais pour « eux ce dont ils ont besoin, non ce qu'ils louent. « Dans le pudique sanctuaire de ton cœur, nourris « la vérité triomphante ; incarne-la hors de toi « dans la beauté, afin que l'intelligence ne soit « pas seule à lui rendre hommage, mais que le sentiment en saisisse l'apparition avec amour. »

M. Rohault de Fleury. Messieurs et chers confrères, lorsque nous nous sommes quittés lundi sous le charme de cette parole éloquente, élevée, nourrie des plus hautes pensées philosophiques, il semblait que nous n'avions rien à répliquer, rien à ajouter, malgré les appels réitérés de notre président. Il a fallu que le temps, la réflexion, en nous rappelant cet excellent discours, nous rappelât également que l'aimable orateur, dont nous voudrions voir la voix entendue dans l'enseignement donné à nos jeunes successeurs, a prévu lui-même que nous ne serions pas tous de son avis.

Dans la première partie, nos applaudissements lui ont prouvé combien il nous était sympathique; j'avoue que je ne puis le suivre complétement dans la seconde. Cependant notre dissentiment est si minime que ce n'est que le désir de vous retenir encore sur le sujet si intéressant qu'il a choisi qui m'engage à vous demander la parole.

M. Hermant, après avoir magnifiquement exposé l'état de la Société actuelle, ses tendances utilitaires, les progrès presque indéfinis de la science moderne, m'a paru, pour notre époque, trop fier d'une part, trop humble de l'autre : trop fier, en exaltant une science dont je ne serai certes pas le détracteur, et dont je reconnais les merveill ux progrès ; trop humble, en semblant indiquer que l'art pouvait en souffrir. Je crois me rappeler encore que mon honorable ami a dit que le *beau* et l'*utile* n'étaient pas indispensables l'un à l'autre, et il nous a donné, comme exemple, le plus beau des fruits, la plus belle des statues.

Une première réponse sera un rappel au but de notre Société qui a écrit sur sa médaille :

LE BEAU, LE VRAI, L'UTILE.

Ces attributs de l'art sont nécessaires l'un à l'autre, ils se complètent et le portent à une hauteur d'où il domine la matière, son esclave.

Je dis que la *beauté* ne peut exister sans être *vraie*, sans être *utile*. Une femme est-elle belle, si sa beauté n'est pas vraie, si elle n'est que d'emprunt, et la beauté qui réside dans l'harmonie des parties est *utile*, car, dans sa plénitude, elle est toujours le signe de la santé, cette chose utile entre toutes et que nous n'apprécions bien que quand nous en sommes privés.

La vérité est belle ; elle est le plus grand attribut de la Divinité ; elle est la source de l'harmonie. En musique une note fausse fait l'effet d'un ton criard en peinture ; elle est laide. Mais, en même temps, *la vérité est utile ;* que deviendraient sans elle les relations de la société ? Elle est nécessaire ; elle est également indispensable dans toute œuvre d'art, et, pour nous borner à ce qui nous intéresse davantage, trouverez-vous belle la façade d'un édifice, si elle n'en continue pas les lignes ? Si elle n'est qu'un masque trompeur, le programme sera méconnu, le but utile ne sera pas atteint, et votre esprit en éprouvera un sentiment de dégoût.

Il paraît actuellement plus difficile de démontrer que l'*utile* est *vrai* et *beau*. Je crois cependant que M. Hermant, en présentant un beau fruit à un aveugle, n'a pas prouvé la thèse contraire. L'aveugle n'a pas le sentiment de la beauté de ce fruit, il le trouve bon, cela suffit; mais cela ne prouve pas que la beauté n'existe pas, pas plus que dans son autre exemple de la Vénus de Milo, toujours belle quoique la terre la dérobât à nos regards. L'aveugle ne peut juger d'une beauté qu'il ne voit pas, mais il a le sentiment de la bonté qui n'exclut pas la première, nous parlons bien entendu, de la beauté physique, de la bonté physique. Ces deux qualités, qui devraient se rencontrer dans l'homme physiquement et moralement à sa noble origine, ne s'y rencontrent pas toujours dans son état de déchéance, et, la Fontaine a dit avec autant de justesse que de finesse d'observation :

Le bon n'est pas toujours camarade du beau.

Mais remarquez, messieurs, que notre inimitable fabuliste a dit : « *Pas toujours ;* » c'est donc une exception qu'il indique, il peint l'homme déchu ; il peint ce qu'il voit ; nous, nous allons au delà, nous cherchons quel est l'idéal de l'art auquel nous devons tendre de toute la puissances de nos facultés.

Je le répète donc avec confiance : l'*utile* est *vrai*

et *beau*. J'avoue qu'il faut pour cela ne pas s'arrêter à la matière, mais s'élever dans les régions de la pensée, où notre âme ne trouvera d'utile que ce qui est vrai ; et, pour elle, ce qui est utile et vrai sera nécessairement beau.

Notre confrère nous a dit encore que la science s'emparait du monde, qu'elle absorbait l'art réduit à faire de l'éclectisme, c'est-à-dire, à chercher dans les lambeaux du passé de quoi voiler sa nudité.

Prenons d'abord cette science dont nous sommes fiers, à bon droit ; mais voyons en même temps le triste parti que nous en avons souvent tiré ; elle multiplie à l'infini les œuvres les plus déplorables, elle possède dans la poudre à canon un engin de guerre capable de détruire en quelques minutes les plus beaux enfants des hommes, que leurs mères ont élevés avec tant de veilles, tant de soins tendres et délicats. Il est vrai que la science réalise les rêves des *Mille et une nuits* et remplace un tapis magique par de bons wagons bien chauffés, commodément arrangés ; elle fait faire à la pensée le tour du monde avec la rapidité de l'éclair qu'elle a pris pour agent ; mais quand cette pensée arrive à sa destination, n'éprouvez-vous pas le plus souvent un sentiment pénible ? et ces locomotions faciles ont-elles ajouté un iota à votre bonheur que vous auriez plus facilement obtenu si vous n'aviez pas quitté votre foyer domestique ? La Fontaine nous l'apprend encore.

Loin de moi cependant, messieurs, de dénigrer ces belles conquêtes de l'esprit humain ; j'en recevrais, d'ailleurs, un éclatant démenti, en allant visiter ce champ du dieu de la guerre devenu pour le monde un gage de la paix dont il montre la nécessité aux peuples qu'il réunit dans une idée commune. Je veux seulement montrer, comme je le disais au commencement, que la science, malgré ses progrès dans les applications, ne doit pas plus dominer l'art aujourd'hui qu'autrefois.

Buschetto, cet artiste sublime, qui a élevé l'église la plus belle peut-être que les hommes aient inventée, Buschetto était un ingénieur dont les combinaisons savantes dotèrent Pise de sa belle cathédrale.

Brunelleschi, en élevant audacieusement dans les airs le dôme de Florence, savait les procédés qui devaient amener son œuvre à bonne fin.

Michel-Ange était un officier du génie des plus habiles. Palladio, dans la construction de ses beaux ponts que les architectes construiraient aussi bien aujourd'hui qu'ils le faisaient alors, montra la science unie à l'art. Et Léonard de Vinci ! ce peintre si suave, luttant avec Raphaël dans l'admirable fresque de Sainte-Marie des Grâces, à Milan, pour représenter les traits divins du Sauveur ; Léonard de Vinci nous a laissé douze gros volumes in-folio remplis surtout de ses inventions en mécanique. Vitruve, Philibert de Lorme voulaient que l'artiste qui professe l'architecture fût doublé d'un savant; et combien sont variées les sciences qu'elle exige.

Les constructeurs des murailles et du temple de Jérusalem, les Égyptiens qui remuaient avec tant de facilité des blocs immenses dont un seul aurait suffi à la gloire de Lebas ou de Fontana ; tous ces hommes étaient de savants ingénieurs. Non, messieurs, la science n'étouffe pas l'art.

L'art, plus individuel, s'est seulement modifié ; la science, qui profite de ce que nos devanciers ont fait, a progressé ; mais elle avait déjà progressé du temps de ces grands hommes dont la gloire rejaillit sur nous-mêmes, leurs bien modestes et bien éloignés disciples. Ils étaient au courant de la science de leur temps, comme nous sommes au courant de la nôtre, sans que je craigne, pas plus pour vous que pour eux, qu'elle éteigne le feu sacré qui doit couler avec le sang dans les veines d'un artiste. A présent, comme autrefois, la science met au service de l'art les moyens dont il a besoin pour se produire ; elle lui est indispensable comme les membres le sont à la tête pour composer l'homme complet.

Rappelons-nous toujours la fable des Membres et de l'Estomac, et ne cherchons pas à mettre en rivalité deux sœurs indispensables l'une à l'autre pour satisfaire à des besoins aussi complexes que mobiles.

Examinons actuellement ce que c'est que l'*éclec-*

tisme qu'on a considéré, je crois à tort, comme un autre ennemi de l'art. L'éclectisme est le produit de la science, et comme elle, un des auxiliaires de l'art, et non pas son ennemi. Un individu livré à lui-même, sans précédents et sans contemporains, qui voudrait faire de l'architecture, ne s'élèverait pas au-dessus de la grotte ou de la cabane de branchages; mais l'individu n'est pas isolé; il fait partie de cet être puissant, fort, immortel qu'on appelle l'humanité. Il s'inspire de ce qu'il voit faire aux autres individus, éléments comme lui de l'humanité; *il fait de l'éclectisme*, c'est-à-dire qu'il choisit parmi les choses et les actes qu'il veut imiter, ceux qui s'approprient le mieux à ses facultés, et les produit avec d'autant plus de succès qu'il se les est mieux assimilés. Vous disiez donc très-bien, mon cher confrère, que les Français avaient rapporté d'Égypte un sentiment égyptien; de Rome, un sentiment romain; de Grèce, un sentiment grec qui a persisté, parce que c'est celui qui est le plus assimilable à notre race gallo-grecque; ils ont pris au moyen âge enfin un sentiment hors duquel des esprits exclusifs ne voudraient pas admettre que l'on pût élever à Dieu un temple *utile*.

Si chacun de nous rentre en lui-même, ne verra-t-il pas qu'il a emprunté aux modèles de l'architecture étrangère et à un nouvel élément de construction, soit des abris pour enfermer les plantes tropicales, ou couvrir ces grands espaces dans lesquels la campagne apporte la subsistance de nos villes, soit des inspirations de Venise ou de Rome, si la dernière impression qu'il a reçue se trouve alors en conformité d'harmonie avec le programme auquel il doit satisfaire? Mais ne croyons pas, messieurs, que ces emprunts soient exclusifs de l'originalité qui, à notre insu, fait le caractère des différents peuples, des différents temps. Nous sommes liés à notre époque, à notre pays, par un lien inaperçu que les étrangers ou la postérité sauront bien découvrir; comme vous savez bien distinguer, à la vue des monuments, les époques cependant très-rapprochées qui se sont succédées depuis le commencement de ce siècle. Lorsque Lepautre dessinait ses frises dites romaines, il restait de son temps; et lorsque, nous faisons des détails gothiques, soyez sûrs que nos successeurs distingueront facilement à quelle époque ils ont vu le jour. Quant à nous, nous ne sommes pas au point de vue nécessaire pour juger ces différences; mais elles existent certainement. Un de nos plus regrettés présidents, M. Blouet, à qui je demandais un jour quel serait, à son avis, le *caractère* de l'architecture actuelle, repondit avec une grande justesse: Il se trouve dans les édifices destinés à satisfaire au service de notre temps; nos besoins sont plus compliqués, nos édifices doivent l'être; mais l'art peut présider toujours à leur satisfaction.

Peut être cette complication est-elle nuisible

à la perfection de l'art et lui ôte-t-elle cette merveilleuse unité qui se trouvait toujours dans l'érection des théâtres, des cirques, des basiliques antiques, et qui ne peut plus persister, lorsque nos églises doivent être environnées de dépendances actuellement nécessaires, lorsque dans nos théâtres, la place occupée par le public est la plus petite, et que l'accessoire s'empare d'espaces immenses dont l'usage autrefois n'était même pas soupçonné. C'est peut-être un signe de décadence que cet accroissement des accessoires qui multiplie la richesse aux dépens de la simplicité; qui fait dégénérer l'art grec dans les temples de Palmyre, le style ogival dans le gothique flamboyant, l'art sous Louis XIV dans la rocaille, et qui à notre époque couvre nos édifices d'ornements que les grecs distribuaient avec une plus féconde sobriété.

Mais cette triste tendance que je déplore dans l'art porte en elle-même son caractère, elle ne vient pas de la science; c'est plutôt une protestation contre elle; ne l'accusons donc pas des moyens nouveaux qu'elle met si libéralement à notre disposition.

Rien n'est stable dans ce monde, si ce n'est le caractère de l'homme qui est toujours le même, et qui toujours a fait de l'éclectisme. L'art naît de déductions. Quel est le siècle qui a créé un art qui ne dérivât pas du temps passé ou des contrées voisines? La société nous influence, et nous ne pouvons l'éviter, mais nous devons en même temps la diriger et réagir contre ses mauvaises tendances; faire comme cet habile fabriquant de Lyon qui, prenant les avis d'un architecte, a créé pour un ostensoir une forme toute nouvelle et certainement supérieure à tout ce qui l'entoure. Le jury, d'ailleurs, a brillamment confirmé le jugement du public.

Je reviens à l'éclectisme, et j'insiste pour dire qu'on en a toujours fait. Sous Louis XV, les mâles façades de la place de la Concorde ou de la Monnaie étaient contemporaines des mignardises des boudoirs Pompadour. Chez nous, son abus sera limité par des impossibilités inhérentes à l'état même de la société où nous vivons. Avec nos besoins compliqués et nos moyens actuels, appliquerons-nous l'architecture égyptienne, multipliant l'emploi de matériaux que notre science, malgré ses prétentions, a tant de peines à remuer? et ces temples de Baalbek, où tel mur de la Cella est composé de blocs de pierre plus lourds chacun que l'obélisque de Luxor? Non, nous choisissons ce qui est le plus convenable pour nos besoins, et, sauf des détails dont les différences nous paraissent énormes, mais qui vues de loin disparaîtront, nous avons une architecture, elle est de son temps; est-elle bonne ou mauvaise? c'est ce que la postérité pourra seule apprécier.

La science a progressé; nous connaissons plus de monuments étrangers; les besoins de la société se sont multipliés; mais, quelle que soit la forme qu'il adopte, l'art est toujours créateur, et c'est pour cela qu'il porte bien à son front un reflet divin ; il n'a pas créé le chaos, parce qu'il n'est pas Dieu; Dieu lui permet de le débrouiller, et il ne doit pas accuser les aides qui lui sont donnés s'il ne les emploie pas convenablement ; mais quoi qu'il fasse, il aura son caractère et donnera toujours le cachet de son époque.

En résumé, le *beau*, le *vrai*, l'*utile* resteront les nobles attributs de l'art. La *science* est sa compagne, compagne soumise si l'ordre préside à leurs créations. L'*éclectisme* enfin, dont on s'effraye peut-être à tort, a toujours existé, il est la recherche du beau que chaque artiste accommode à son génie particulier, en subissant involontairement des influences réciproques, et c'est l'ensemble de ces influences qui crée le génie de l'architecture chez les différents peuples.

M. A. Hermant. Messieurs, en prenant la parole à la séance d'avant-hier, j'ai commencé par réclamer votre indulgence ; je la réclame encore plus vivement aujourd'hui que, pris pour ainsi dire à l'improviste et sans préparation aucune, je viens répondre aux deux orateurs que vous venez d'entendre.

Au reste, je le ferai très brièvement, et même, à l'égard de M. Calla, ma réponse sera aussi simple que courte.

La thèse qu'il a principalement soutenue devant vous, c'est la nécessité de répandre l'instruction artistique dans le public.

Il y a douze ans, — je vous demande pardon, messieurs, de rappeler ici un fait tout personnel, — il y a douze ans, dis-je, dans un mémoire que l'Académie des beaux-arts a bien voulu couronner, j'ai posé formellement la même thèse. Je suis donc, depuis longtemps, en complète communauté d'idées avec M. Calla sur ce sujet, et je ne puis que m'associer à ce qu'il vous a dit.

Il semble que je sois moins d'accord avec mon honorable confrère M. Rohault de Fleury ; mais peut-être aussi notre divergence d'opinion n'est-elle qu'apparente. C'est pourquoi je voudrais revenir en très-peu de mots sur cette théorie du beau, du vrai et de l'utile, que j'ai traitée trop succinctement sans doute pour être bien compris par tout le monde.

Voici, sinon ce que j'ai dit, du moins ce que j'ai voulu dire.

Lorsqu'on s'élève dans la sphère de l'absolu, il n'y a pas d'opposition à constater entre ces deux idées abstraites : l'idée du beau et l'idée du vrai. Mais l'homme vit au milieu du relatif, et, dans le monde contingent, il y a indépendance entre le vrai et le beau. J'ai ajouté : Quelquefois même opposition ; mais je m'en tiens à ma première expression. Prouver l'opposition fréquente me serait facile; je m'en abstiens pour ne pas recommencer un second discours.

Donc, j'ai dit que, entre le beau et le vrai, il y a indépendance complète, absolue.

Ai-je dit qu'il y eût incompatibilité ?

Nullement.

Ai-je dit que leur union fût impossible ?

Pas davantage.

Car, après avoir montré que dans la plupart des cas l'idée du vrai se complique ordinairement de l'idée de l'utile, j'ai ajouté : Ce n'est pas une vaine devise que celle adoptée par notre Société : le beau, le vrai, l'utile ; ce n'est pas une vaine devise, et l'architecture seule peut la porter.

Or que peut signifier cette phrase, sinon que l'architecture, à la fois art, science et industrie, doit, comme art, obéir aux lois du beau ; comme industrie, satisfaire à nos besoins, c'est-à-dire à l'utile ; comme science enfin, — car je reconnais, car je n'ai jamais nié le rôle de la science dans l'art de bâtir, — comme science enfin, respecter le vrai ?

Je n'ai donc exclu de l'art ni le vrai, ni l'utile ; seulement j'ai appelé l'attention sur ce point que notre Société, lorsqu'elle a adopté sa devise, n'a pas manqué de mettre en première ligne le beau, parce que l'architecture est d'abord et avant tout un art, qu'elle a nommé en second lieu le vrai, et enfin l'utile. J'ai fait remarquer ensuite que la tendance actuelle n'allait à rien moins qu'à renverser cet ordre logique, à placer l'utile en tête, à reléguer le beau au dernier rang. J'ai déclaré alors que cette tendance est fâcheuse, mais je n'ai rien dit, je n'ai rien voulu dire de plus.

Mon honorable confrère voit donc que je n'ai jamais eu la pensée de repousser le vrai et l'utile comme incompatibles avec le beau, comme étrangers à l'art de bâtir. Mais j'ai souhaité, et je souhaite encore que chacun de ces éléments garde son rang, et je désire que l'architecture reste fidèle à cette devise, dont le premier mot est le beau et dont l'utile est le dernier. En présence des tendances que je constate dans la société contemporaine, tendances qui sont de nature à ébranler cette fidélité, ce vœu me paraît légitime, et dès lors justifié.

Je voudrais vous dire aussi quelques mots sur une autre question reprise par notre confrère, celle de l'éclectisme.

Si j'ai bien saisi sa pensée, M. Rohault de Fleury vient de poser en principe qu'on a toujours été éclectique ; il en conclut qu'on est mal fondé à reprocher à notre époque une tendance qui a existé de tout temps.

Est-il vrai que l'éclectisme ait été de tout temps le principe inspirateur des œuvres des hommes ?

La solution de cette question exigerait une longue etude historique, trop longue pour trouver place ici, mais dont le premier résultat serait de nous apprendre qu'il y a éclectisme et éclectisme, et d'établir une distinction que j'ai eu le tort de passer sous silence.

Les Grecs, par exemple, ont-ils été éclectiques? Pour ma part, je n'en crois rien.

Je sais bien qu'on a prétendu retrouver dans l'architecture égyptienne le type de l'ordre dorique grec. Je ne nie point le fait; peut-être est-il exact. Cependant, quand on considère le caractère affecté par l'art grec, on ne peut méconnaître tout ce qu'il a de particulier et de personnel.

Et, pour prendre un exemple plus rapproché de nous, notre art moderne a-t-il toujours été éclectique?

Il est certain que, depuis le XVIe siècle, il dérive de la renaissance italienne. Pourtant si nous prenons, — comme je l'indiquais, à la dernière séance, très-succinctement parce que je ne pouvais qu'effleurer ce côté de la question, — si nous prenons, dis-je, chacune des périodes de notre histoire de France, ne voyons-nous pas un style particulier répondre aux tendances morales et intellectuelles de ces époques?

C'est que l'éclectisme ne consiste pas seulement à emprunter aux styles du passé telle ou telle forme, tel ou tel ordre, et même telle ou telle moulure. C'est que, outre cet éclectisme de fait et à côté de lui, se place un autre éclectisme moral, état nécessaire d'une société dont les convictions sont nulles ou indéterminées, au sein de laquelle tous les principes sont en lutte.

Le premier est en fait d'art ce qu'il est en fait de science : la base des conquêtes de l'esprit humain, et, à ce propos, je vous ai rappelé une pensée de Pascal ; mais je n'avais pas à m'y arrêter. Je devais, en effet, traiter la question qui nous occupe au point de vue esthétique et philosophique, c'est-à-dire envisager les tendances intellectuelles de la société contemporaine dans leurs rapports avec l'art de bâtir, car de ces rapports naît le caractère de l'art.

Eh bien! ce caractère, je l'ai précisé en disant :

« La société du XIXe siècle est éclectique; »

« L'architecture du XIXe siècle est éclectique. »

J'ai donc admis que l'art de notre époque offrirait à la postérité l'expression fidèle de l'esprit qui nous anime ; c'était lui reconnaître dès à présent un caractère déterminé.

Je m'arrête, messieurs ; je ne veux pas abuser de vos moments. Si cette courte réponse m'a paru nécessaire, il me semble inutile de la prolonger.

M. César Daly. Je ne veux dire que quelques mots ; mais je crois qu'une observation importante pourrait être faite utilement en ce moment, car il est de l'intérêt de tous d'éviter les malentendus.

Il est très-évident que le mot *éclectisme* est diversement compris par les orateurs que nous venons d'entendre ; il est manifeste que notre honorable confrère M. Rohault de Fleury entend l'éclectisme autrement que l'honorable M. Hermant.

Ce dernier, dans son discours d'avant-hier, est entré dans quelques développements succincts sur l'éclectisme, précisément pour faire voir ce qu'il entendait par ce mot. Il nous a indiqué une certaine origine qui est celle qu'attribuent assez généralement à l'éclectisme les disciples de l'école philosophique si longtemps dirigée ou gouvernée en France par M. Cousin.

L'éclectisme, suivant M. Hermant et l'école à laquelle il semble se rattacher, serait né d'un effort de synthèse et de conciliation tenté vers le IIe siècle de notre ère. A cette époque, en effet, une tentative fut faite pour concilier le courant philosophique de l'Occident avec les traditions religieuses de l'Égypte et les nouvelles idées apportées de l'Orient par les diverses sectes juives et chrétiennes.

Le christianisme orthodoxe conserve plus d'une trace de ce grand effort de la philosophie. Ce fait historique a été considéré par quelques personnes comme l'origine de l'éclectisme, qui serait, suivant ces personnes, l'éternelle synthèse des diverses doctrines philosophiques.

Je ne partage pas cette opinion. Suivant moi, en raisonnant ainsi on a pris simplement un effet particulier pour une cause initiale et générale, et je m'efforcerai tout à l'heure de le démontrer.

L'honorable M. Rohault de Fleury a envisagé l'éclectisme à un autre point de vue, celui de Diderot, qui disait à peu près ceci : On a toujours été éclectique, car faire de l'éclectisme, c'est choisir partout ce qui paraît vrai et juste.

Le mot *éclectisme*, messieurs, — je vous demande pardon de vous rappeler ce que vous savez mieux que moi — vient, en effet, d'un mot grec qui signifie *choisir*. La définition de Diderot n'en est pas moins erronée et superficielle, car l'esprit ne choisit pas sa conviction ; la conviction s'impose à lui. Dès qu'un philosophe a adopté un principe fondamental, il en a accepté d'avance toutes les conséquences ; il n'est donc plus libre de choisir dans d'autres systèmes des vérités à sa convenance.

M. Rohault de Fleury et M. Hermant sont tous les deux d'accord sur ce fait, que dans l'éclectisme il entre l'idée de choix ; seulement le premier dit : Je choisis tous les jours de ma vie ; mon père choisissait comme moi, toutes les générations qui m'ont précédé ont choisi, et celles qui me suivront choisiront de même ; nous avons toujours fait, nous ferons toujours l'exercice de notre choix, c'est-à-dire de l'éclectisme. Et M. Hermant répond : L'éclectisme est une école philosophique, c'est une école qui a la prétention de concilier les vérités enseignées par les écoles qui se sont présentées successivement devant l'intelligence humaine.

Eh bien ! je demande, messieurs, à vous signaler un point de vue autre que les deux précédents, un point de vue qui n'est pas encore entré, que je sache, dans la science, qui m'est donc personnel, mais d'où il me semble que l'observateur, le philosophe peut mieux embrasser l'ensemble des progrès du mouvement philosophique et y reconnaître les terrains occupés par la théorie de M. Cousin, reproduite par M. Hermant, et par la théorie de Diderot, reproduite par M. Rohault de de Fleury.

Ce point de vue nous est fourni par la notion vraie de la loi du *progrès*.

Qu'est-ce que le *progrès ?*

Le sens vulgairement attaché à ce mot est bien simple : c'est celui d'une série d'améliorations successives ; l'état du lendemain doit offrir une amélioration sur celui de la veille.

Ainsi, l'on dit en parlant de la santé d'un convalescent : « Voilà une santé qui est en progrès, » lorsque la maladie décline : « Voilà les forces qui sont en progrès, » lorsque la faiblesse disparaît.

Telle est la notion élémen taire et générale qu'on attache au mot progrès ; mais elle est incomplète ; je vais tenter de vous le démontrer, et de vous faire voir ensuite que la conception vraie de l'*éclectisme* se lie si étroitement à la définition exacte du *progrès*, que la première ne saurait exister sans la seconde.

— Pour cela, prenons un exemple. A un certain moment de son existence la femme se dédouble, pour ainsi dire ; elle donne la vie à un être semblable à elle, et voici qu'au lieu d'un seul individu humain, il y en a deux.

C'est là un progrès incontestable au point de vue de l'humanité.

Eh bien, dans quelle condition s'accomplit ce progrès? A travers une crise dangereuse, une crise qui peut entraîner la mort.

Telle est donc une des lois de l'existence : le progrès s'accomplissant à travers la douleur, c'est-à-dire la douleur pouvant être, ainsi que le danger, un des caractères d'un progrès qui se réalise.

Suivons maintenant la vie de cet être qui vient de naître. Il tette, c'est-à-dire qu'il s'alimente d'abord avec le lait maternel ; mais il arrive un moment où cette nourriture ne lui suffit plus, un moment où le progrès de son développement exige une alimentation qui fortifie davantage ses muscles et ses os, qui transforme son tempérament et sa constitution; il faut qu'il mange des légumes et de la viande, et qu'à cette fin, la nature l'arme d'un appareil de mastication.

Mais la *dentition* est, on le sait, une des crises dangereuses de la vie de l'enfant.

Quel *progrès*, cependant, à la fois moral et matériel !

A partir de la dentition, en effet, au lieu d'épuiser la substance de sa mère, et d'absorber ainsi, avec ses forces physiques, tous les instants de son existence, l'enfant demande son alimentation à la nature, et de la sorte, en même temps qu'il rend sa mère à la liberté, sa propre individualité se dégage et s'affirme dans une indépendance plus complète.

Voulez-vous un troisième exemple de progrès caractérisé par la douleur? nous pouvons encore l'emprunter à l'histoire du déve oppement de l'individu humain.

Qu'arrive-t-il à la jeune fille qui approche de la puberté? Elle a en elle quelque chose de maladroit. C'est bien une fille, mais avec quelque chose du garçon ; comment dirai-je? c'est une *garçonnière*, nature joyeuse et brusque, à la fois timide et hardie. Certains phénomènes se produisent en elle; certains développements physiologiques surviennent dans sa nature; il lui monte au cerveau et au cœur comme des effluves qui la troublent; elle ne possède pas encore un sentiment bien déterminé de pudeur, ni, à plus forte raison, les idées précises qui s'y rattachent, n'ayant pas encore goûté aux fruits de « l'arbre de la science. »

Mais suivons jusqu'au bout cette période : voici enfin que la puberté apparaît, la jeune fille est capable de devenir mère; elle possède à son tour cette puissance immense de contribuer au développement et à la durée de l'espèce humaine; et avec la puberté naît aussi la pudeur, cette grâce exquise, cette fleur de l'âme féminine. La puberté est un triomphe à la fois moral et physique, c'est un splendide et ravissant épanouissement de l'âme et du corps, de l'être tout entier.

Ce progrès s'est accompli cependant, comme les deux progrès précédents de la naissance et de la dentition, à travers une *crise;* et la crise de la puberté, veuillez vous le rappeler, messieurs, est aussi parfois une crise mortelle.

Nous pourrions suivre ainsi jusqu'au bout la carrière humaine, ou passer à l'étude de la vie des animaux et des végétaux, et, presque partout dans les existences organiques, nous trouverions ce fait que le progrès ou le développement de la vie, au lieu de s'accomplir à la façon d'une belle courbe continue qui se déroulerait uniformément dans le ciel, passe, au contraire, par diverses phases ou évolutions régulières que rattachent entre elles des périodes de crises, le plus souvent douloureuses, et pendant lesquelles la vie même est plus exposée qu'à l'ordinaire.

— Le même phénomène de sucession de *phases d'évolution*, que rattachent entre elles des *crises de transition*, caractérise aussi bien le développement des sociétés, — existences collectives, — que celui des individus. Précisons ici encore notre pensée par des exemples, plus du goût des artistes que de pures abstractions, toujours un peu arides.

Au XIIIe siècle, Vincent de Beauvais voulut faire une sorte d'encyclopédie, « le Miroir général du monde » (*Speculum mundi*). Vincent de Beauvais, ardent croyant, bon catholique, dut se poser cette question : quelle méthode vais-je adopter pour traiter scientifiquement de l'univers?

Cette même question s'est représentée souvent de notre temps; car jamais on n'a autant fait d'encyclopédies. Eh bien, quelle est la méthode qui a été généralement adoptée dans ces œuvres par les modernes? c'est la méthode alphabétique, c'est-à-dire, de fait, l'absence de toute méthode intellectuelle, un système de groupement purement physique, offrant pour avantage unique un moyen facile de recherche pour le lecteur.

Ce ne fut pas ainsi que procéda Vincent de Beauvais. Vivant à une époque où l'on ne concevait pas facilement la science en hostilité avec la religion, ou même autrement que comme son auxiliaire nécessairement utile — « *Philosophia ancilla theologiæ,* » disait-on au moyen âge — il est fort probable que, contrairement à ce que je viens de supposer, par suite des habitudes invétérées de l'esprit moderne, si exclusivement scientifique et raisonneur, Vincent de Beauvais ne s'est fait aucune question positive quant à la méthode qu'il devait adopter, mais qu'il a marché tout naturellement, instinctivement, dans la voie de sa foi. S'il a raisonné du tout, ou s'il nous était permis de mettre sous la forme d'un raisonnement évident ce qui a dû naître chez lui simplement de ses habitudes et instincts de chrétien, voici comment nous présenterions le travail de sa pensée : « Dieu a créé le monde, et l'historien sacré, Moïse, nous a dit de quelle manière et dans quel ordre. A mon tour, je veux décrire le monde et faire admirer les merveilles de la création; l'ordre le meilleur à suivre est, à n'en pas douter, celui des livres mosaïques! Moïse n'a-t-il pas été inspiré de Dieu? »

Et c'est, en effet, en suivant avec soumission et respect la marche du grand prophète hébreu, que Vincent de Beauvais se décida à parler de l'œuvre divine.

Cet exemple de Vincent de Beauvais, où nous voyons la foi présider aux efforts de la science et les diriger en quelque sorte, caractérise fort bien une période organique des sociétés, telles que l'histoire du passé nous les montre, période d'unité intellectuelle et morale.

Aujourd'hui, au contraire, vous trouvez des savants catholiques qui ne se mettent pas du tout à la suite de Moïse. L'un d'eux, je suppose, est géologue; il va traiter de l'histoire du globe; au lieu de prendre pour modèle l'historien sacré et d'accepter aveuglément sa parole, il réunira les observations des savants géologues, ses prédécesseurs; il les contrôlera peut-être et il y ajoutera les siennes propres; il cherchera enfin à formuler la loi des phénomènes observés; mais, dans ce système, la foi ne comptera absolument pour rien. Pour la plupart des croyants comme pour tous les sceptiques, la science, aujourd'hui, n'a que faire de la religion : séparation de l'Église et de l'État, de la théologie et de la science, c'est-à-dire non-solidarité, individualisme : voilà le principe et les tendances modernes.

Eh bien, Messieurs, les deux procédés si opposés

que je viens d'esquisser hâtivement et bien incomplétement devant vous, sont les procédés qui caractérisent les *phases d'évolution* et les *crises de transition* dans le mouvement progressif des sociétés et des civilisations humaines.

Lorsqu'une civilisation est arrivée au point le plus élevé de son évolution de développement, il y a un accord plus ou moins parfait entre les efforts de son Esprit et les inspirations de son Sentiment. Mais lorsqu'une organisation sociale est descendue au point le plus bas de son évolution générale, et qu'une organisation nouvelle se prépare à la remplacer, en un mot, lorsque la société est en crise de transition, cette harmonie n'existe plus; le doute a envahi alors les esprits, et, par suite, les caractères s'affaiblissent et les actes offrent le spectacle des plus déplorables et choquantes contradictions. L'unité n'existe alors ni dans les efforts collectifs de la société, ni dans l'esprit et les actes des individus.

L'artiste qui vit au sein d'une société arrivée à son apogée organique a cet immense avantage de s'adresser à un public animé généralement des mêmes idées et des mêmes sentiments que lui. Il sait alors qu'en faisant vibrer certaines cordes de son propre cœur, il éveillera la sensibilité et l'intérêt presque universels. Bien entendu, il y réussira plus ou moins suivant la puissance de son génie personnel, car tous les artistes ne sont pas également bien doués; mais du moins il ne se trompera pas de voie, l'architecte ne se trompera pas de style. Au moyen âge, surtout dans nos contrées du nord, l'architecte adoptait les formes élancées, il aimait les aspérités, une certaine agitation aiguë, et ce goût était partagé par les peuples. Au contraire, à l'époque de Périclès, l'architecte recherchait en tout et partout l'ordre et la mesure, le calme et la simplicité, et tel était aussi le goût universel du peuple grec.

Voilà donc deux périodes bien distinctes dans l'histoire de la civilisation humaine, la période de l'antiquité grecque et la période du moyen âge dans les pays du Nord, qui ont eu chacune leur caractère particulier, essentiellement différent l'un de l'autre. L'esprit philosophique et religieux du paganisme hellénique se retrouve dans l'architecture grecque; l'esprit philosophique et religieux du christianisme se reproduit avec une égale netteté dans l'architecture du moyen âge. A chacune de ces époques il y avait un style exclusif, unique, d'architecture, parce qu'il y avait à chacune de ces époques un goût général ou social, un sentiment commun à tous les contemporains de la même civilisation et de la même race.

Il importe donc au premier chef, lorsqu'on entreprend d'apprécier des œuvres d'art historiques, de distinguer celles qui appartiennent aux *phases* de l'évolution sociale, de celles qui ont été produites pendant les périodes de crise ou de *transi-*

tion qui relient les phases d'évolution les unes avec les autres.

Pour conclure par le rapprochement que j'ai annoncé comme existant entre l'éclectisme et la loi du progrès, ne suffit-il pas de constater maintenant, après tout ce qui précède, que le fait historique qui se reproduit sans exception est celui-ci : jamais vous ne rencontrerez l'éclectisme philosophique adopté généralement dans une phase ou période sociale organique, tandis que l'éclectisme se présente aussitôt que la société se trouve — passez-moi cette expression triviale mais très-caractéristique — assise entre *deux selles*, c'est-à-dire en transition entre deux formes de civilisation fondées sur des principes plus ou moins opposés.

Ainsi, lorsque les Païens en furent au point de ne plus croire à Jupiter, lorsqu'ils commencèrent à tourner le dos à l'Olympe, bien qu'ils ne se courbassent pas encore devant le christianisme, qui commençait à envahir l'ancienne société, quelle fut la situation philosophique, religieuse et sociale ? Les esprits et les cœurs étaient troublés; d'un côté, toute philosophie et toute religion étaient ébranlées jusque dans leurs fondements et la société était en pleine décomposition ; de l'autre côté, des idées neuves et des sentiments nouveaux s'éveillaient confusément et de toutes parts ; et alors, entre cet affaissement universel et cette renaissance, apparut l'éclectisme.

Quant à nous, Messieurs, nous sortons lentement d'une vieille société théocratique et féodale, dont le principe dominant était l'autorité et la force, société qui, par-dessus tout, honorait la religion et la guerre, et rapportait toute gloire à la croix et à l'épée. Et vers quelle société marchons-nous? Vers une société de droit commun, où le privilége non-seulement ne doit plus dominer, mais encore doit complétement disparaître. Nous avançons vers une société de liberté, qui demande, pour se guider, le concours de tous, mais qui ne veut plus se soumettre ni à l'autorité d'une classe privilégiée, ni à la volonté solitaire d'un élu du droit divin. Nous quittons cette période dans laquelle une classe aristocratique se soutenait par le sang, par l'épée et, il faut le dire aussi, par l'héroïsme, en vivant largement aux dépens des malheureux travailleurs, objets de leurs mépris. Aujourd'hui, tout travail est honorable et honoré; la charrue, la plume et le crayon valent l'épée.

Il y a autant de différence entre la société que nous abandonnons et celle vers laquelle nous marchons, qu'entre la nuit et le jour.

Actuellement nous sommes donc dans une période éclectique; nos croyances anciennes s'affaiblissent de plus en plus, tandis que grandit chaque jour la foi dans l'avénement d'une société nouvelle et plus parfaite. Mais il ne suffit pas d'avoir la foi, il faut aussi avoir la science, et la science de notre avenir nous manque. Nous la cherchons.

Agités à la fois par le doute et le désir de la

certitude, nous sommes forcément éclectiques; car, Messieurs, l'éclectisme n'est autre chose que la recherche et la préparation de l'avenir, accomplies au milieu des ruines du passé.

On pourrait dire de l'éclectisme, avec son double caractère, que c'est un tombeau et que c'est aussi un berceau. Derrière lui le passé achève de périr; devant lui l'avenir est en voie de naître.

— Sous toute influence sociale nouvelle, les sentiments se transforment, les idées et les habitudes aussi. Il y a une atmosphère sociale qui enveloppe les individus, comme l'atmosphère physique enveloppe notre globe.

Examinez l'histoire de la formation de la terre et vous verrez qu'elle a subi des transformations qui, vues à distance, apparaissent comme autant de créations successives. Ces créations successives ont toujours été en rapport intime avec la nature de l'atmosphère terrestre, avec le milieu dans lequel elles sont nées. A chaque grand changement atmosphérique correspond une transformation dans les créations organiques.

Un phénomène analogue peut être observé dans l'histoire de l'art. L'art ressemble à un enfantement; c'est quelque chose qui croît au cœur de l'homme sous l'influence d'une atmosphère spéciale composée de croyances, de relations sociales et d'un certain état de développement intellectuel.

Si l'on examine attentivement ces conditions de l'atmosphère sociale, intellectuelle et morale, et si l'on tient compte du milieu physique où l'art s'est développé, on aura devant soi les véritables causes génératrices ou fécondantes des formes que l'art a revêtues depuis que l'humanité existe.

Il faut donc toujours se rendre bien compte du moment social, phase ou crise, où l'art se développe.

A l'époque où nous sommes, nous nous trouvons placés entre deux phases ou évolutions sociales, l'une qui s'achève, l'autre qui commence. Aussi sommes-nous forcément éclectiques, de même qu'on l'a toujours été aux époques de transition importante.

J'ai pris la parole sur cette question de l'éclectisme, parce qu'elle me semble mal comprise, parce que la question du progrès architectural est impossible à résoudre avec les définitions qui en ont été produites jusqu'à ce jour.

J'ai cru devoir aussi prendre la parole pour un autre motif : c'est que, comme l'a dit en fort bons termes M. Hermant, et comme moi-même j'ai eu l'occasion de l'écrire cent fois, on nous rend responsables, nous autres architectes, d'un état général de choses devant lequel nous sommes aussi passifs et aussi impuissants que tous ceux qui nous entourent, et à l'action duquel la société même à laquelle nous appartenons ne peut pas se soustraire.

La société peut, il est vrai, par ses labeurs, par ses efforts successifs, abréger la durée et amoindrir les souffrances de notre état de transition et d'éclectisme, mais il ne lui est pas plus possible de l'éviter absolument qu'il n'est possible à l'enfant d'éviter la crise de la dentition ou à la jeune fille d'écarter celle de la puberté.

— Un point capital encore à noter dans la notion qu'on doit concevoir du progrès, c'est qu'elle se compose de deux éléments distincts et en quelque sorte contraires : dans le progrès, à côté d'un principe de liberté se place un principe de fatalité.

Il ne nous est pas loisible de ne pas avoir vingt ans après en avoir eu dix-neuf, à moins de périr; un enfant qui vient de naître n'est pas soumis *d'ores et déjà* à la crise de la dentition, mais il doit cependant la subir, à un moment donné. La nature tout entière est soumise à des lois qu'il n'est pas au pouvoir de l'homme de supprimer. La société aussi est soumise à des lois qui l'enveloppent et la gouvernent. L'homme, la nature et la société sont donc soumis tous les trois à une action fatale, inévitable, nécessaire.

Toutefois, il est évident que si l'enfant est soumis à un mauvais traitement hygiénique, la crise de la dentition, ou toute autre qu'il devra traverser, peut avoir pour lui les conséquences les plus graves. Une société mal dirigée court les mêmes risques de maladie lorsqu'elle est mal administrée. L'intervention de notre libre arbitre peut donc être très-largement et utilement pratiquée, au service de l'homme et de la société, et de l'art par conséquent.

S'il n'est possible, ainsi que je l'ai dit, ni à l'individu ni à la société d'éviter les crises de transition, un régime sage et rationnel peut cependant en écarter les dangers et en abréger la durée.

C'est comme un pont à franchir : il nous est loisible de le faire en courant, ou bien simplement en marchant; nous pouvons aussi nous y arrêter et même nous y livrer au sommeil, sauf à le suivre dans sa chute s'il vient à s'écrouler.

Pour que ces idées soient nettes dans vos esprits, messieurs, veuillez ne pas perdre de vue le point fondamental que je crois désormais acquis à la thèse que je défends, à savoir : l'impossibilité d'éviter la période éclectique, en même temps que la possibilité de la franchir plus ou moins rapidement, en faisant pour cela les efforts nécessaires, c'est-à-dire en mettant l'art, la science, ou mieux, la société tout entière, au régime convenable pour passer ce moment difficile.

Je me résume en quelques mots :

La société parcourt des phases successives qui sont tout simplement les évolutions de la civilisation elle-même. C'est le déroulement de la vie conformément à la loi qui gouverne l'espèce humaine, loi qui est vraie pour l'individu comme pour l'être collectif, c'est-à-dire la société.

L'*évolution*, voilà le caractère normal des phases : la *révolution*, voilà le caractère des crises.

L'éclectisme, c'est l'état intellectuel et moral des périodes de crise révolutionnaire, périodes de combat contre les principes anciens, de recherche et de connaissance imparfaite des principes nouveaux.

L'éclectisme n'a que des tendances, des goûts, des désirs, des sympathies ; il n'a pas de principes Le jour où un éclectique aurait un principe philosophique fondamental, ce jour-là il ne serait plus éclectique, puisqu'il ne pourrait plus rien choisir. Du moment qu'il aurait un principe, il dirait : « Voilà, d'après mon principe, ce qu'il faut croire ; » c'est-à-dire que de ce moment-là il deviendrait un homme systématique ; comme les disciples des autres écoles, il se rattacherait à une doctrine particulière.

Ainsi l'on n'est éclectique qu'à la condition d'être impuissant au point de vue de la constitution d'un système.

L'éclectisme est un état social, intellectuel et moral ; mais ce n'est qu'un ÉTAT DE CHOSES, un état social et individuel ; ce n'est ni une doctrine ni une philosophie.

Toutefois l'éclectisme a un bon côté, si bon même qu'il nous importe beaucoup que la vraie notion de l'éclectisme soit répandue et défendue : c'est qu'il représente et rend absolument nécessaire la liberté dans l'art.

En présence de quoi sommes-nous aujourd'hui? Est-ce la foi qui nous gouverne tous? Non! Sommes-nous en présence d'une doctrine scientifique que nous suivions tous? Non encore! D'une doctrine philosophique qui réunisse toutes les opinions? Encore moins!

Nous sommes en présence d'individualités qui viennent dire : Ceci me paraît vrai, ceci me semble beau. Il en résulte une situation de tolérance et une condition de liberté qui sont éminemment favorables à la recherche indépendante et par suite au progrès.

Toutes les voies nous sont ouvertes. Libre à nous d'entrer dans celle que nous voudrons suivre. La liberté est la première condition du progrès.

N'oublions pas cependant que l'art n'est pas une fantaisie individuelle, qu'il est soumis à certaines lois dont on trouve l'expression et la démonstration dans la *Science esthétique.* Par conséquent, plus on veut la liberté dans l'art, plus aussi il importe d'accorder aux études esthétiques une haute importance, car la Science c'est la raison de tous, et la raison de tous est le contre-poids nécessaire de la liberté de chacun.

— Grâce aux grands travaux de Paris, nous avons été à peu près tous, tant que nous sommes, obligés de changer de logement, et, au moment de nous installer dans notre nouvelle demeure, nous avons dû passer en revue notre mobilier et dire : « Tel meuble ira ici ou là, mais tel autre ne trouvera pas sa place ; en voici un que j'ai acheté il y a cinq ou six ans, mais on fait déjà mieux que cela,

peut-être ferai-je bien de m'en procurer un neuf. »
Bref, chacun a fait l'inventaire de ses bonnes et de ses mauvaises choses; il a mis de côté ces dernières, il s'est consulté pour savoir s'il garderait les médiocres, et il a emporté tout ce qui était « beau, bon et utile. »

Voilà notre situation en présence de l'art passé, théorique et pratique. Notre société a déménagé de la phase théocratique et féodale et elle commence à s'installer dans le domaine de l'avenir, c'est-à-dire dans celui du droit commun, de la liberté du travail et de la paix.

Ce qui convenait à la guerre, ce qui convient à ce qui n'est pas destiné à survivre, porte évidemment en soi un caractère qui nous est devenu étranger, qui n'est plus de notre vie. Nous allons laisser tout cela de côté; c'est fini, nous n'en avons plus que faire, nous ne garderons que ce qui peut encore nous servir.

Cet individu qui déménage, messieurs, qui fait son choix dans ses vieilles défroques en même temps qu'il complète ailleurs son mobilier, cet individu, messieurs, c'est la société éclectique du XIXe siècle.

Tout à l'heure je prenais l'exemple familier et peut-être trivial d'une personne qui déménage; je pourrais prendre un exemple plus classique ou plus noble, en montrant une armée qui lève son camp. Lorsqu'un tel fait se produit, n'y a-t-il pas une multitude de choses qu'on abandonne sur l'ancien emplacement : des tentes déchirées, des armes brisées, mille objets encombrants qui seraient inutiles dans la situation nouvelle?

Eh bien! encore une fois, messieurs, l'éclectisme c'est la philosophie de ceux qui déménagent, qui lèvent leur camp pour aller s'installer dans une nouvelle phase de la civilisation et du progrès.

M. Simon Girard (1). Messieurs, dans les précédentes séances vous avez entendu les diverses appréciations faites sur l'état actuel de l'architecture au point de vue esthétique et philosophique.

Nos savants confrères se sont rencontrés dans cette même pensée que l'art de l'architecture puisant son essence dans la trilogie du beau, du vrai et de l'utile, il était plus spécialement que tous les autres arts soumis aux exigences de la matière et aux rigueurs du calcul.

Vous vous souvenez encore des considérations philosophiques, des déductions savantes, des comparaisons si fortement imagées et des exemples si ingénieusement choisis, au moyen desquels l'on nous a montré l'architecture variant sans cesse de formes, de types et de caractère, suivant les croyances religieuses et politiques des peuples,

(1) Bien que ce discours ait été prononcé à la fin de la dernière séance, comme il traite de matières qui se rattachent à la première question, il nous a paru logique de lui donner la place qu'il occupe ici.
(Note du Secrétaire principal.)

suivant les climats et les besoins sociaux, mais recherchant sans cesse le beau idéal afin de transmettre à la postérité des monuments dignes de son admiration.

Par l'enchaînement historique des faits nous avons été conduits à travers les différents âges et les différents peuples de la société et l'on nous a démontré la corrélation intime qui existait entre eux et chaque création du type architectural.

L'esthétique ou proprement dit la pensée du sentiment, la philosophie des beaux arts, a servi à prouver que le beau idéal a été l'objet constant des recherches de tous les peuples et, par une savante démonstration et par la déduction successive des faits, nous avons été amené à dire que la beauté idéale, en architecture, était en raison directe avec la grandeur organique de la société, avec ses tendances et ses mœurs, et que, notre siècle étant plus particulièrement scientifique et industriel, il était né de là un éclectisme qui, en en devenant le principal caractère, avait créé un milieu défavorable aux manifestations de l'art, en donnant au vrai et à l'utile une fâcheuse prédominance sur le beau.

L'éclectisme étant la faculté pour chacun d'apprécier les faits en eux-mêmes, d'en juger les résultats, d'en choisir le sens et d'en apprécier les conséquences, l'accord bien souvent n'existe plus entre les diverses opinions qui varient suivant les différents points de vue où l'on se place; et, comme celui préférablement choisi par mes précédents confrères était naturellement le plus séduisant, le beau idéal a été l'objet de leurs préférences et l'occasion de leurs regrets; et tout en reconnaissant que le vrai et l'utile, ou si vous aimez mieux la science et l'industrie, sont les régents de notre siècle, ils leur ont fait une part si petite, que je viens vous prier de leur ouvrir un plus large seuil à notre foyer.

L'utile et le vrai méritent en effet la même place que le beau, aux yeux de l'architecte, car si le beau est l'expression de sa pensée, le vrai et l'utile lui permettent seuls de le réaliser. On pourrait presque conclure que le beau étant inhérent au cœur de l'homme, du moment qu'il y a exécution, il y a recherche du beau, et que sa manifestation existe dans une proportion plus ou moins grande, suivant le plus ou le moins d'utilité ou de vérité qui ont été réalisées.

Aussi est-ce en vain que vous me représentez notre siècle comme un siècle de défaillance et d'incrédulité, comme arrière-petit-fils de la réforme, comme fils naturel du voltairianisme et de la révolution, comme le jouet des différentes philosophies pleines de doutes et de négations qui passent de nos jours successivement sous nos yeux, et c'est en vain je crois, que vous le déclarez incapable de s'arrêter à rien de positif, à rien de stable, et conséquemment de pouvoir créer un type d'architecture qui lui soit personnel et portant quelque empreinte du beau dans ses monuments; pour moi je nie votre conclusion, et, vous invitant à jeter un regard sur les créations de notre siècle, je vous dirai : voilà ce qui témoigne contre toutes vos assertions.

Serait-il possible, en effet, qu'après avoir vanté les bénéfices recueillis par notre siècle, qu'après avoir constaté les conquêtes de la liberté, la diffusion des richesses, la part plus largement faite au travail honoré, l'élévation de l'âme humaine par le dépôt de cette parcelle de respectable autorité que chaque homme sent aujourd'hui résider en son sein ; serait-il possible, dis-je, que de ce nouvel ordre de choses, il ne fût point résulté de nouveaux besoins et une nouvelle manifestation, devant lesquels la science et l'industrie que vous reconnaissez être prédominantes en ce siècle, seraient restées impuissantes et n'eussent pu exprimer leur propre beauté ?

Il n'en est rien, heureusement pour notre art contemporain ; je le vois aussi créateur et fécond que dans les siècles précédents, j'ajouterai même qu'il porte déjà un caractère spécial que la science et l'industrie pouvaient seules lui donner.

Au commencement de ce siècle, la société fatiguée de l'état militant, tournait déjà ses regards et ses tendances vers le vrai et l'utile. La science grandissait, l'industrie prenait un plus large essor. La vapeur commençait à recevoir une application, la locomotion s'établissait, l'électricité apparaissait, outillage, première richesse d'un peuple, se perfectionnait, et des cœurs généreux, en proclamant la possibilité d'exécution des grandes entreprises que nous voyons se réaliser aujourd'hui, revendiquaient déjà pour le plus grand nombre une plus large place au foyer social. La société marchait évidemment vers de nouvelles conquêtes, dont la génération actuelle est aujourd'hui en possession; et dès cette époque, l'on pouvait déjà entrevoir les nouveaux besoins de la société nouvelle, aussi, espérait-on déjà la révélation d'une architecture qui serait l'expression de la nouvelle situation.

Elle se révéla en effet, se donnant nécessairement pour mission, la participation d'un plus grand nombre aux bienfaits de la civilisation, dans des conditions d'économies qui rendraient sa réalisation possible.

L'Angleterre fut son berceau, dans son langage aussi laconique qu'expressif, elle l'appela *iron work*, ouvrage de fer. Bientôt, elle grandit sous des formes indécises et grossières, mais elle se répandit rapidement dans l'Europe où l'appelait la réalisation des nouveaux besoins qui pénétraient partout. Elle commença à comprendre sa force et sa puissance, elle revendiqua un nom, et fut nommée l'architecture utilitaire. Nous la voyons aujourd'hui réalisant l'espérance conçue, et les besoins de la société actuelle.

Son premier mérite est la grandeur. Son échelle est la plus grande de toutes celles que l'architecte avait osé concevoir, elle couvre des espaces d'une ampleur inconnue jusqu'ici, elle abrite nos immenses gares de chemin de fer avec leur matériel infini, comme les grandes calottes de nos théâtres. Elle offre aux réunions populaires, comme aux travailleurs de l'approvisionnement, des salles de dimensions telles qu'on n'osait les concevoir avant elle. Elle s'essaie à nos édifices religieux, elle embellit nos jardins, elle se multiplie sous une infinité de formes, elle est devenue indispensable pour nos habitations privées. Enfin elle grandit chaque jour, et s'affirme dans son existence personnelle et dans son type particulier. C'est ainsi qu'elle est devenue vraie.

Mais elle devait être utile au plus grand nombre et pour cela elle s'est montrée économe et parcimonieuse même de la matière, sa légèreté a dispensé l'architecte des fondations dispendieuses, elle ne lui a demandé que de faibles et rares points d'appui ; par ses combinaisons ingénieuses, elle est parvenue à supprimer la multiplicité des pièces principales de la construction. Elle s'est réduite enfin aux strictes données de la science et du vrai, et c'est par l'alliance de ces deux principes qu'elle s'est montrée la fille de son siècle.

Ainsi donc, elle a réalisé le vrai et l'utile : pourra-t-on conclure de là, que laissant la prédominance à ses éléments générateurs, elle a négligé la recherche du beau, qu'elle a abdiqué toute prétention à l'idéal, qu'elle a foulé à ses pieds un des trois fleurons de la couronne de ses devancières ?

Il n'en est rien, Messieurs, et des témoignages éclatants viennent de nous prouver le contraire. Regardez plutôt nos bibliothèques, voyez nos halles, nos marchés, nos gares, etc., visitez ces belles et immenses salles que l'Angleterre élève chaque jour pour le besoin des réunions populaires qui va toujours croissant, et convenez que dans chacune de ces œuvres, aussi différentes dans les conceptions que dans l'exécution, il se révèle un beau, une puissance, un idéal, une attraction qui prouvent invinciblement en faveur de sa beauté.

Je comprends cependant, Messieurs, la crainte qui agite nos esprits : dans nos désirs légitimes de perpétuité, dans notre espérance de transmettre aux générations futures un témoignage de notre passage sur cette terre, nous aimons à fonder d'une manière durable et nous craignons que cette nouvelle architecture n'ait point de durée.

En remontant dans les siècles passés, nous voyons l'architecture pharaonienne nous jeter un défi de perpétuité, nous admirons encore dans la gracieuse architecture grecque, les superbes débris qui ont échappé à la destruction du temps. Nous pouvons encore étudier la savante architecture romaine qui est restée debout jusqu'à nos jours, et il nous est encore permis de contempler l'élégante et mystique architecture du moyen âge qui s'est transmise jusqu'à nous, et que le siècle restaure dans un intelligent amour, et nous nous sommes dit : Hélas ! il n'en peut être ainsi de cette nouvelle venue, la fille de notre siècle, sa fragilité apparente, sa débilité reconnue doivent nous faire craindre pour elle; son existence sera courte, sa durée éphémère, elle ne parlera pas de nous à nos descendants.

Eh bien, Messieurs, cette crainte qui semble nous préoccuper et qui est réelle, n'est-elle pas elle-même la loi de l'humanité et la conséquence des principes de notre siècle?

En remettant sous vos yeux l'architecture des différents peuples qui nous ont précédé, ne vous semblait-il pas reconnaître que la durée de leurs monuments était en raison inverse de la participation du nombre à la puissance et à l'autorité?

Notre société, qui semble incliner vers l'illusion des jouissances matérielles et plus avide que toute autre du partage de la richesse et de l'autorité, ne se reflète-t-elle pas déjà dans la fragilité de sa nouvelle architecture?

Et cependant nous aimons notre siècle, nous l'admirons justement dans ses principes comme dans ses œuvres, nous l'admirons surtout dans son amour du travail, qu'il a proclamé la sainte loi de l'humanité, la divine fin du monde, et j'espère qu'avec moi vous lui rendrez la justice de reconnaître qu'après avoir réalisé le vrai et l'utile, il laisse entrevoir dans sa nouvelle architecture le beau idéal désiré, et que nous pouvons dire d'elle avec le poëte italien : *Nel fiore il frutto.*

DEUXIÈME QUESTION.

Quelles sont les méthodes d'enseignement en usage à notre époque dans chaque pays?

M. Victor Baltard, membre de l'Institut. Messieurs, la question qui va nous occuper, nous fait descendre des théories qui viennent d'être exposées par d'éloquents orateurs à des points de vues divers soit concrets, soit abstraits, soit philosophiques, soit même physiologiques, et rentrer dans une voie positive qui certainement ne passionnera pas l'assemblée. Mais je tâcherai de faire en sorte qu'elle nous conduise à des conclusions utiles et pratiques.

La façon dont j'ai cru devoir envisager cette question se bornera à un exposé du mode d'enseignement de l'architecture, tel qu'il a été suivi dans les temps anciens et particulièrement dans notre pays à différentes époques, et se terminera par l'invitation adressée à MM. les architectes étrangers qui ont bien voulu venir à nous quand nous leur avons tendu une main fraternelle, de nous faire connaître quelles sont les méthodes et la marche de l'enseignement suivies dans leurs pays respectifs.

Cette question de l'enseignement de l'art est d'une grande influence sur son avenir. L'enseignement se fait parfois d'une manière insensible et comme par tradition : d'autres fois avec des intentions et suivant une marche déterminées. Nous qui savons quelles ont été les belles époques de l'art et les circonstances générales qui les ont accompagnées, efforçons-nous d'y voir, afin d'en profiter, en quoi consistait alors l'éducation des artistes.

Un mathématicien disait un jour, au milieu de bouleversements politiques dont chacun s'effrayait, que rien n'était perdu tant qu'il serait permis d'enseigner les mathématiques.

Un artiste, au milieu de troubles d'un autre ordre qui intéressaient la vitalité et les progrès des arts, disait que tout était sauvé si l'on pouvait toujours enseigner le dessin.

L'un et l'autre, messieurs, avaient raison ; avec l'enseignement des mathématiques, on rectifie le jugement des hommes ; avec celui du dessin, on développe le sentiment du goût. Un jugement sain et un goût épuré ne suffisaient-ils pas à former un citoyen d'Athènes ? Qui dit un citoyen d'Athènes ne dit-il pas presque un artiste ? et nous n'en demandons pas davantage pour former un architecte, et cet architecte sera complet si à la connaissance des mathématiques et du dessin, il joint une bonne instruction littéraire.

En effet, les mathématiques, en même temps qu'elles assurent le jugement, fournissent des ressources applicables à la solution de tous les problèmes scientifiques que présente l'architecture.

Par le dessin, en exerçant ses yeux à comparer, sa main à reproduire les œuvres de l'art et de la nature, on acquiert la connaissance des formes, des proportions, de l'harmonie, qui constituent l'œuvre d'art. L'imagination n'a plus qu'à s'appuyer sur le jugement et la réflexion ; la pensée n'est plus esclave de la main, l'artiste est armé de toutes pièces et peut s'avancer avec confiance.

Ces conditions sont de tous les temps, de tous les pays, et si l'art a eu ses phases de faiblesse et de décadence, c'est à l'ignorance du dessin et des mathématiques qu'on doit en grande partie l'attribuer.

L'importance de ces bases fondamentales est plus grande encore, je dirai même au point de vue politique qu'on ne paraît le croire et qu'il ne nous appartient de le développer ici ; car on ne peut nier qu'elles agissent puissamment sur la civilisation. Restant dans les limites de notre cercle, reconnaissons d'abord que de notre temps, l'étude des mathématiques ne laisse rien à désirer. Félicitons-nous ensuite, de ce que depuis quelques années, les gouvernements, les autorités, les amateurs, les gens du monde semblent comprendre la nécessité de donner, dans l'instruction de la jeunesse, une plus grande part à l'art plastique, ce complément si utile de l'art littéraire.

Les mathématiques aujourd'hui ont leurs adeptes, je dirais presque leurs adorateurs ; mais rappelons-nous ce que disait Pascal lui-même, le grand et profond mathématicien, de ceux qui n'étaient que géomètres : il leur reprochait de devenir fermés et insensibles pour tout ce qui ne s'expliquait pas par définitions, par principes et par démonstrations. Tâchons de limiter cette tendance par trop positive de notre siècle et de lui faire admettre enfin qu'on ne vit pas seulement d'espaces franchis, de poids soulevés, de force matérielle acquise; mais que l'homme intelligent, pour vivre de toute sa vie, a encore besoin d'être en communication sensible avec les beautés de la nature et de l'art. Il n'y parviendra que si, dans sa jeunesse, ses yeux et sa main ont été exercés devant des modèles bien choisis des beaux temps de l'art; que si son attention a été appelée fréquemment sur les beaux spectacles de la nature.

Tous les pays civilisés semblent vouloir entrer dans cette voie; l'Angleterre, l'Allemagne, l'Italie s'y distinguent particulièrement; on doit en attendre les meilleurs résultats, on doit en prévoir les plus heureuses conséquences.

A Kensington, près de Londres, on trouve un centre d'enseignement de dessin qui rayonne sur toute l'Angleterre. A Paris, le centre existe également, mais le rayonnement aurait besoin d'en être plus étendu.

Depuis quelques années, on enseigne déjà le dessin dans soixante, des deux cent vingt-cinq écoles élémentaires de la ville. C'est un commencement de satisfaction donné en quelque sorte au vœu qu'exprimait tout à l'heure un de nos confrères de voir la théorie du beau exposée à la jeunesse.

Il faut cependant mettre dans cet enseignement une certaine réserve; car, avant l'âge de vingt ans, est-on apte à comprendre la théorie de l'esthétique et les conditions véritables du beau que l'on a déjà beaucoup de peine à concevoir à un âge plus avancé, après de sérieuses études, après de longues réflexions? Et l'eût-on bien comprise et bien définie, serait-ce encore une raison suffisante pour qu'on devînt un artiste?

Outre ces soixante écoles élémentaires à Paris, dans lesquelles on donne des leçons de dessin trois heures par semaine, il y a trente écoles d'adultes dans lesquelles des professeurs enseignent le dessin d'art, le dessin d'ornement, et où l'on trouve aussi d'autres professeurs spéciaux pour le dessin linéaire, le dessin géométrique ainsi que pour les éléments de la géométrie descriptive.

De plus, on a fondé six écoles subventionnées. Toutes ces écoles, pour les jeunes garçons ou les adultes, comprennent, réunies, six mille six cents élèves. Le nombre est à peu près le même pour les écoles de jeunes filles et de femmes; mais ce ne sont là que de premières semences générales jetées dans un vaste champ dont quelques sujets seulement se développeront assez pour porter de bons fruits dans la voie plus difficile et plus étroite des beaux-arts.

Ce n'est pas près de vous, messieurs, qu'il faut faire ressortir de combien de connaissances complexes et variées se compose l'enseignement pour qui veut devenir architecte. Si quelques-unes de celles qu'exigeait Vitruve nous sont aujourd'hui moins nécessaires, il y en a de nouvelles et de plus importantes peut-être que nous devons posséder. Je crois inutile de vous rappeler le programme de ces connaissances tel que ce grand précepteur de l'architecture antique nous l'a donné. Vous avez tous cette énumération présente à la mémoire; mais ne doit-on pas reconnaître que les progrès considérables de la stéréotomie de la pierre du bois et du fer sont tels, que l'étude seule de chacune de ces matières dépasse de beaucoup ce qu'elle pouvait être autrefois.

Donc, loin que l'énumération des sciences exigées pour nos anciens subisse une diminution, la somme des connaissances nécessaires à l'architecte se multiplie de jour en jour. L'étude en est plus complexe, plus difficile, et elle exige beaucoup plus de temps que jamais.

Nous disions donc que l'enseignement élémentaire donné soit dans les écoles communales de la ville de Paris, soit dans les colléges et lycées des grandes villes, comprend les premières notions propres seulement à ne pas laisser s'endormir les facultés artielles dont quelques enfants pourraient être pourvus. Dans ce premier enseignement, on n'aborde pas encore l'étude spéciale de l'art; ce n'est qu'ultérieurement et en dehors des écoles élémentaires qu'on cherche les moyens de poursuivre cette étude. Mais s'il est une carrière dans laquelle, sinon une vocation prononcée, du moins une véritable aptitude soit nécessaire, c'est certainement la carrière des arts. Autrement, les plus louables efforts ne vous mènent qu'à une situation médiocre peu désirable. Heureux ceux dont la vocation s'est prononcée de bonne heure, et qui, véritablement doués, rencontrent à la sortie des écoles élémentaires, les moyens de développer ce que les premières leçons et surtout ce que

. . . . . du ciel l'influence secrète

a déjà mis dans leur esprit !

Pour donner satisfaction à leur désir de continuer à marcher dans la voie de l'art, particulièrement au point de vue de l'architecture, il existe à Paris une école gratuite de dessin où l'on enseigne les mathématiques, le dessin linéaire, la figure, le dessin d'ornement.

Cette école a été une pépinière de l'École Impériale des beaux-arts ; beaucoup d'artistes distingués en sont sortis, et l'on pourrait citer les noms de plusieurs célébrités qui y ont reçu leur première culture.

Je ne dois pas omettre de signaler ici une école spéciale, nouvellement créée sous le titre d'École centrale d'architecture ; non-seulement elle prépare les jeunes gens pour l'École impériale des beaux-arts, mais elle peut encore les diriger lorsqu'ils suivent les cours et les concours de cette école supérieure.

Il n'existe à Paris qu'une école gratuite de dessin; elle est située sur la rive gauche de la Seine. Il serait à désirer qu'il y en eût d'autres, ou tout au moins qu'on en créât une seconde sur la rive droite.

Les études élémentaires une fois terminées, les jeunes artistes jettent donc les yeux vers l'École Impériale des beaux-arts. Ce ne sont plus seulement ceux qui sortent des écoles de Paris qui aspirent à y entrer, ce sont encore les élèves des écoles des départements, qu'on peut considérer comme des écoles préparatoires dont les études sont plus ou moins développées.

Ici pourrait se placer la question de savoir si l'École Impériale des beaux-arts de Paris est bien ce qu'elle devrait être; nous y reviendrons.

Mais avant de poursuivre cet historique contemporain, reportons-nous en arrière pour examiner quel était le mode suivi anciennement (*antiquement* si je puis dire) pour l'enseignement des arts.

Chez les Grecs qui, à tous les titres sont nos maîtres; chez les artistes italiens de la Renaissance, et en France, de nos jours, il y a peu de temps encore, l'enseignement des arts se pratiquait par une sorte d'apprentissage, par des leçons journalières et intimes, comme dans l'antiquité pour la philosophie.

Ce mode d'enseignement n'était pas sans présenter bien des avantages. L'élève choisissait son maître, et dans son choix il était guidé par la confiance que lui inspiraient le talent et le caractère de celui sous le patronage duquel il allait recevoir l'initiation et parcourir la carrière. Cette confiance devenait bientôt du dévouement, et pour son honneur propre et pour celui du maître et de l'atelier auquel il appartenait, il n'est point d'efforts dont l'élève ne fût capable. Les leçons de pratique se joignaient aux leçons de théorie; l'exemple suivait le précepte et la docilité suivait l'un et l'autre.

Les corporations, les jurandes et les maîtrises du moyen âge jusqu'à la fin du dernier siècle avaient adopté à peu près les mêmes errements; mais beaucoup d'abus, de mesures oppressives et onéreuses pour les élèves et apprentis en ont amené la suppression. Cependant ces corporations, contre lesquelles on s'est beaucoup élevé, présentaient de bons et d'utiles côtés. Si l'on ne pouvait y être admis comme élève ou comme apprenti, que lorsqu'on était fils de maître, ou qu'à des conditions rigoureuses de temps ou d'argent, une fois reçu, l'élève ou l'apprenti se trouvait en relations continuelles et de tous les jours avec le maître, le contre-maître, les autres élèves. L'affection naissait de ces relations, la confiance dans les leçons du maître était absolue, et les élèves devenaient des artistes qui conservaient toutes les traditions; et lorsqu'ils étaient, comme on disait, passés maîtres, aucune loi positive et supérieure ne leur imposait une marche technique qui les obligeât à faire abstraction de leur individualité.

Cet enseignement du maître à l'élève a continué

d'exister même après la suppression des corporations, dans les ateliers de peinture, de sculpture et d'architecture : le bien qui en résultait était d'autant plus grand qu'il avait pour base la liberté d'abord, puis l'émulation. Grâce à cette union volontaire du professeur et de l'élève, on arrivait à ce double résultat, de la constatation, d'une part, des progrès de l'élève dans l'ensemble de la marche de l'art, et d'autre part, de la valeur d'une école par rapport à une autre école.

Il devait y avoir là, et il y eut en effet une source réelle de progrès ; unité dans les principes, variété dans l'application.

De même que dans les anciennes républiques de Grèce ou d'Italie, par suite de la rivalité qui régnait entre les diverses cités, on a vu les artistes d'une ville qui se distinguaient au-dessus de ceux d'une autre ville être tenus en grand honneur, de telle sorte que leurs noms proclamés partout portaient au loin leur réputation, et que leurs œuvres devenaient un sujet d'étude au plus grand profit de l'art ; de même les écoles diverses dont je viens de parler, et qui pourraient très-bien exister aujourd'hui comme elles existaient naguère, développaient une émulation qui assurait davantage de jour en jour la marche progressive de l'art.

Voyons maintenant, messieurs, quel doit être le rôle de l'État dans l'enseignement des beaux-arts.

L'État qui dirige ou du moins qui préside à l'instruction littéraire et scientifique, peut remplir des fonctions analogues en ce qui concerne les arts, en ce sens qu'il peut enseigner les éléments généraux d'abord et contribuer plus tard à perfectionner cet enseignement par la création d'écoles dites de perfectionnement.

Entre les deux, on doit trouver et l'on trouve en effet des écoles spéciales pour les beaux-arts. Telles sont dans les départements celles de Lyon, Marseille, Toulouse, Bordeaux, Rouen, Lille, etc., ces écoles sont généralement bien organisées. Au milieu d'elles, à Paris, se distingue l'École impériale des beaux-arts; mais cette école ne devrait être qu'un véritable gymnase, et à part quelques cours spéciaux qu'on ne saurait trouver ailleurs, elle ne devrait ouvrir que des concours où les élèves et indirectement les maîtres viendraient en champ clos et à armes égales, sans privilége aucun, mesurer leurs forces et conquérir leurs grades; et à côté d'une telle école, le gouvernement n'a qu'à laisser subsister, à favoriser même l'enseignement libre; il doit respecter les diverses tendances des artistes, les aider à propager leurs idees, à répandre leurs leçons en toute liberté et suivant l'élévation de leur esprit et de leur talent.

Eh bien ! messieurs, c'est ce qui existait il n'y a pas encore bien longtemps. L'égalité de l'enseignement dans les écoles particulières et indépendantes était un excellent élément dont on a compromis l'existence par la création d'ateliers privilégiés du gouvernement dans l'école. On a dévié de la bonne route. Espérons qu'on y reviendra sauf, sans préjudice des perfectionnements que le temps et le progrès ont rendus nécessaires.

Comme couronnement de l'ancienne organisation de l'École, se plaçait et existe encore une école de perfectionnement sur laquelle on s'est souvent mépris: je veux parler de l'école de Rome. Comme on l'a attaquée et qu'on l'attaque encore, permettez-moi de la défendre.

Beaucoup de personnes ont émis l'opinion que c'était une école inutile, et qu'y perpétuer indéfiniment les écoliers, c'était leur faire perdre un temps précieux, surtout si après leur avoir imposé de longues études dans la capitale, on les envoyait dans une sorte d'exil les continuer au loin pendant cinq années encore.

En formulant un tel reproche, on s'est grandement trompé, car il ne s'agit plus de devoirs d'écoliers, il s'agit de travaux savants, il s'agit d'artistes dont les œuvres profitent à l'État en même temps qu'à eux-mêmes.

L'école de Rome est une école supérieure de perfectionnement à l'exemple de celles qui existent dans toutes les branches de l'enseignement public pour toutes les carrières, à l'exemple de l'École des mines, de l'École des ponts et chaussées à Paris; de l'École d'artillerie à Metz, de l'École toute récente des sciences archéologiques, de l'École d'Athènes. Ce sont des écoles de perfectionnement pour ceux qui, après avoir été de bons écoliers, veulent devenir un jour de bons maîtres.

On a dit des études de ce genre qu'elles étaient plus propres à faire des généraux que des soldats. Mais ne faut-il pas des généraux ? et il n'est pas plus permis à tout le monde d'aller à Rome qu'à Corinthe. Et en somme, on n'obtient encore tout au plus par l'école de Rome qu'un général par an, et les généraux meurent comme les autres, et il faut les remplacer. Et d'ailleurs les études ne doivent-elles pas être combinées de façon qu'on puisse avoir des soldats au début, des généraux à la fin et entre les deux extrêmes des hommes capables d'occuper tous les grades?

Après avoir passé en revue ce qui s'est fait dans le passé dans l'enseignement au point de vue des beaux-arts, puis ce qui existe aujourd'hui, nous résumons dans les termes suivants ce que nous croyons devoir être fait pour l'avenir :

Instruction élémentaire avec premières notions de dessin, donnée à tous par l'État ou par les communes.

Instruction générale dans les colléges avec une part pour le dessin plus grande que par le passé.

Écoles des beaux-arts avec cours spéciaux et concours périodiques; protection et encouragements aux écoles libres particulières.

École supérieure de perfectionnement ayant Rome pour centre et pour pivot.

C'est par cette marche libérale, rationnelle et consécutive que se formeront des architectes sachant se soumettre à l'esprit des anciens maîtres, fidèles conservateurs des traditions du passé, mais capables, en raison de leur indépendance et de la libéralité des études, de s'affranchir de la rigueur des formes dont la manifestation s'est produite, à diverses époques, alors qu'elles avaient une raison d'être qui peut avoir disparu aujourd'hui.

C'est ainsi qu'on pourra suivre avec profit les excellentes leçons des maîtres de tous les temps qu'ils s'appellent Ictinus ou Callicrate, Apollodore ou Vitruve, Anthemius de Tralles ou Isidore de Milet, Pierre de Montreuil, Gérard de Cologne, le Bramante ou Brunelleschi, Inigo Jones, Pierre Lescot, Philibert de l'Orme, Mansart ou Percier.

Tous ces grands artistes ont suivi fidèlement les principes que nous connaissons et que nous cherchons à observer rationnellement. Ils ont su s'assujettir, chacun suivant le temps et le pays où ils vivaient, aux conditions de climat, de matériaux disponibles, d'usages sociaux, etc., auxquelles nous sommes tenus de satisfaire.

C'est en adoptant la marche que je viens d'indiquer que les architectes, fidèles observateurs de l'esprit des anciens maîtres, tout en se contentant de côtoyer leurs œuvres, sauront en saisir l'esprit bien plutôt que la lettre, apprendront à faire la distinction raisonnée entre les divers caractères d'architecture.

C'est ainsi qu'ils acquerront cette originalité, qualité précieuse dont on parle tant, mais qui n'est pas la première et la seule que doive posséder un architecte; que s'appuyant sur des principes et non sur des nuances, ils distingueront autrement que par de menus détails d'ornementation l'architecture grecque, par exemple, qui repose évidemment sur les lois de la stabilité, et dont toutes les formes sont subordonnées à ces lois, de l'architecture romaine qui affecte dans ses formes et dans ses procédés la combinaison des lois de la stabilité et des lois de l'équilibre. Ils apprécieront les mérites, sans s'aveugler sur leurs côtés faibles, des œuvres architectoniques du moyen âge, lesquelles dérivaient surtout et presque exclusivement des lois de l'équilibre.

C'est ainsi qu'en tenant compte de toutes les conditions antérieures, on finira par y ajouter la condition de cohésion qui est l'élément principal de l'architecture de métal, à laquelle il faut bien que nous sachions donner aussi des formes qui ne soient pas désavouées par l'esthétique.

Au milieu de tous ces efforts nécessaires, gardons-nous de nous affranchir de la tradition. Un artiste, un architecte surtout qui (ainsi qu'un des orateurs qui m'ont précédé l'a dit justement) est avant tout soumis à la loi, ne doit jamais dédaigner la tradition. La tradition est un des éléments nécessaires d'une langue, et personne n'ignore qu'une langue ne se crée pas en un jour. Méfions-nous donc de ces amateurs qui prétendent nous reprocher notre stérilité, qui réclament à grands cris une architecture nouvelle. Ils nous conduiraient bientôt à des néologismes et à des nouveautés sans qualification, à ces formes de Borromini qui sont devenues proverbiales. Sans copier nos devanciers, conservons l'esprit et les principes qui les ont guidés. Il n'appartient d'ailleurs qu'à Jupiter de faire sortir une Minerve tout armée de son cerveau. Pour nous, ne répudions point le langage qui a servi à ceux qui nous ont précédés, pour exprimer de belles conceptions, et si nous avons à y ajouter quelque chose de personnel, contentons-nous d'appliquer seulement ce que les circonstances actuelles, les milieux où nous nous trouvons, les conditions des programmes qui nous sont imposées peuvent nous suggérer, dans le champ du perfectionnement de notre art.

Pardonnez-moi, messieurs, cette digression qui ne se rattache qu'indirectement à mon sujet; mais en parlant des méthodes d'enseignement, après en avoir esquissé en quelque façon le programme tel que je le comprends, je n'ai pu me défendre d'en exposer aussi les conséquences, et d'ailleurs, ce m'a été une occasion de faire une sorte de profession de foi qui, je l'espère, sera approuvée par l'honorable assemblée que j'ai l'honneur de présider, et dont j'appelle l'attention sérieuse sur la marche suivie et à suivre dans l'enseignement de l'architecture.

Si l'assemblée partage les idées générales que je viens d'énoncer, je lui demande la permission de formuler un vœu qui pourra servir d'élément à nos réflexions d'abord, à nos efforts ensuite, pour tâcher d'arriver à sortir, pour le bien et la plus grande gloire de notre art, de la voie d'éclectisme morcelé où nous vivons trop communément, et où nous sommes presque contraints de vivre. Mais nous devons chercher à nous en affranchir par un bon enseignement, afin que les œuvres caractéristiques de notre époque, avec toutes les ressources qu'elle met à notre disposition, avec toutes ses exigences, se multiplient et s'accentuent de plus en plus dans la voie du beau, de l'utile et du vrai.

Ce vœu, dans les termes les plus généraux et applicables à toutes les nationalités, je le résume dans les propositions suivantes :

1° *Que l'État ou les communes donnent l'enseignement élémentaire et général, avec premières notions de dessin;*

2° *Qu'il prescrive une plus grande part à l'étude du dessin dans les collèges et institutions analogues d'instruction publique ;*

3° *Que l'État pourvoie à l'enseignement supérieur scientifique et théorique de l'architecture ;*

4° *Qu'il laisse libre et qu'il encourage l'enseignement des arts par les maîtres particuliers;*

5° *Qu'il constate les progrès de l'un et l'autre enseignement par des concours suivis de récompenses;*

6° *Qu'il protège les talents supérieurs et qu'il favorise leur développement.*

Je ne méconnais pas que nous possédions une partie de ces avantages; mais je voudrais les voir plus complets et mieux coordonnés.

Il ne me reste plus qu'à inviter ceux de MM. les architectes étrangers qui voudraient prendre la parole à nous donner quelques notions sur l'enseignement des arts tel qu'il se pratique dans leurs pays respectifs, et sur le mode d'organisation de leurs écoles. Les renseignements qu'ils nous fourniront ne peuvent que profiter à notre art et contribuer à son utile développement.

M. Wilhem Boekmann (de Prusse). La difficulté que j'ai, messieurs, de m'exprimer en français, ne me permet pas de répondre d'une manière développée à l'invitation que M. le président vient d'adresser aux architectes qui, comme moi, se sont joints à cette réunion.

D'ailleurs, je ne crois pas qu'il serait d'un grand intérêt de vous exposer de quelle façon l'enseignement de l'architecture est pratiqué en Prusse.

Il vous suffira peut-être de savoir que dans notre pays l'art de l'architecture et celui de l'ingénieur des ponts et chaussées sont enseignés simultanément, c'est-à-dire que ces deux enseignements sont réunis et ne font qu'un.

Toutefois, à l'heure même où je parle, le gouvernement prussien étudie la question au point de vue de la séparation des deux arts. Je ne sais quand cela se fera, mais ce que je puis vous dire, c'est que ce résultat nous causera la plus grande satisfaction.

J'ajoute encore un mot. Vous êtes, messieurs, architectes, par conséquent artistes. Eh bien! dans notre pays, tous ceux qui arrivent à devenir des architectes et des artistes sont des hommes qui sont parvenus à se débarrasser des entraves, si je puis m'exprimer ainsi, du *technocratisme*.

Relativement au vœu que l'honorable président de cette assemblée vient d'exprimer, je crois être l'interprète de tous mes confrères prussiens en souhaitant qu'il reçoive dans notre pays la réalisation la plus prompte qu'il sera possible.

M. le Président. Personne ne demandant plus la parole, je consulte l'assemblée sur la question de savoir si elle serait disposée à s'associer aux vœux que je viens de soumettre à son approbation.

M. C. Daly. Je demande à faire une observation.

Je ne doute pas, pour mon compte, que la proposition de notre honorable président ne reçoive l'approbation générale; mais je crois que cette approbation aura une gravité et une influence d'autant plus considérable, qu'entre le moment où elle recevra la sanction du vote de l'assemblée, il s'écoulera un certain temps de réflexion.

Si donc M. le président n'y voit pas d'obstacle, je propose d'ajourner les marques de satisfaction que son vœu recevra de nous, à la séance prochaine. Il gagnera, je le répète, une valeur proportionnée au délai qui nous sera accordé pour l'approuver.

M. le Président. Je trouve cette proposition parfaitement sage et je ne puis qu'y souscrire. Lorsqu'il s'agit d'une question aussi sérieuse, la réflexion et la maturité ne peuvent que tourner au profit des résolutions à intervenir.

M. C. Dufeux. Il serait peut-être bon que M. le Président voulût bien formuler par écrit ce qu'il nous a proposé et que chacun de nous en reçût communication à domicile dans l'intervalle qui va s'écouler entre la séance d'aujourd'hui et celle où nous serons appelés à en délibérer

De cette façon, il est certain que les termes de ce vœu, que notre mémoire peut ne pas conserver très-exactement, donneraient lieu à une délibération de la conférence aussi mûrie que l'exige l'importance d'une pareille question.

M. le Président. Cette communication sera adressée à tous les membres de la Société.

CONFÉRENCE INTERNATIONALE.

Présidence de M. Victor BALTARD, membre de l'Institut.

SÉANCE DU VENDREDI 26 JUILLET 1867.

Suite de la deuxième question.

M. ACHILLE HERMANT. Messieurs, à l'issue de notre dernière réunion, après avoir écouté l'exposé si clair et si complet que venait de présenter notre honorable président, n'entendant personne réclamer la parole, je me suis demandé si M. Baltard aurait supporté seul le fardeau de la seconde question, et si ce sujet de l'enseignement, si intéressant, si plein d'actualité, n'aurait en partage qu'une demi-séance. Puis me rappelant que la première question, peut-être trop succinctement traitée par moi le jour où nous avons ouvert ces conférences, avait été reprise le jour suivant, successivement par trois orateurs, j'ai pensé que ce précédent me permettrait de revenir aujourd'hui sur un sujet qu'il était difficile d'épuiser en une fois.

Je vous demande donc quelques minutes d'attention ; je n'aborderai qu'un côté de la question, et encore très-brièvement.

Ce côté, messieurs, c'est le côté délicat, c'est le côté difficile; aussi ferais-je ce que l'on doit faire quand on s'engage sur un terrain glissant, j'y marcherai résolûment; c'est le vrai moyen de ne pas tomber.

Il y a deux jours, messieurs, notre honorable confrère M. César Daly, dans un langage souvent plein d'élévation, quelquefois pittoresque et toujours imagé, M. César Daly vous expliquait que l'éclectisme est la méthode des époques de révolution, et vous disait que si l'éclectisme est le trait dominant du XIXe siècle, c'est que ce XIXe siècle est placé entre la société qui s'en va et la société qui vient, c'est qu'il est précisément une de ces époques de révolution dont le caractère est de chercher toujours et de changer sans cesse.

Être révolutionnaire en temps de révolution est peut-être parfaitement logique. Peut-être est-ce plus que logique, peut-être est-ce fatal; mais ce qui est certain, c'est que ce n'est pas toujours sans inconvénient.

Il est constant, en effet, que le but sans cesse dépassé ramène sans cesse en arrière celui qui y tend, et qu'une société entraînée par l'élan révolutionnaire ne procède que par action et par réaction, parce que l'action étant le plus souvent exagérée, la réaction est aussitôt nécessaire et inévitable.

Une société en temps de révolution est une société qui oscille. Ses oscillations, comme celles du pendule, ont une amplitude de plus en plus faible, qui se réduit à zéro au moment où cette société se fixe et obéit à la loi qui la sollicite. Mais jusque-là, je le répète, elle procède par actions et par réactions successives.

L'enseignement, messieurs, vient de subir les conséquences de cette situation, et il me semble impossible que notre conférence ne s'occupe pas, —j'oserais presque dire d'une manière spéciale,— d'une question qui a fait si grand bruit au dehors. Je suis loin de vouloir la traiter à fond ; mais je la soulève avec l'espérance que d'autres viendront, après moi, dire ce que je n'aurai pas dit moi-même.

Messieurs, lorsque je considère l'état de la société contemporaine, l'état indiqué par moi dans notre première réunion, spécifié et précisé avec tant de vigueur par M. Daly dans la séance de mercredi, cet état me semble exclusif de tout enseignement officiel de l'art. L'idée de choix et l'idée de liberté sont deux idées inséparables, et, si nous sommes condamnés à l'éclectisme par la force des choses, c'est bien le moins que nous ayons le bénéfice de la situation, et que nous soyons libres.

Je comprends que, à une époque caractérisée comme était le siècle de Louis XIV, l'art fût organisé, ainsi que l'administration, ainsi que l'industrie, ainsi que le commerce ; il appartenait au gouvernement. Le souverain avait dit : « L'État, c'est moi. » Et sachez-le, messieurs, il n'y avait dans cette parole ni forfanterie, ni outrecuidance; il y avait la simple constatation d'un fait; car lorsque Louis XIV la prononça, il avait avec lui la France entière, la France, c'est-à-dire le peuple las de la noblesse de robe et de la noblesse d'épée, le peuple satisfait de les voir l'une et l'autre se courber devant le roi, et de jouir au moins d'un commencement d'égalité : l'égalité dans l'obéissance.

Lorsqu'une époque est ainsi caractérisée, je le répète, je comprends l'enseignement officiel, je comprends que l'État le donne.

Je ne le comprends plus dans une époque comme la nôtre, dans une époque de recherche, de choix, de tendance à l'individualisme et sinon de liberté, du moins d'aspiration à la liberté. Je ne le comprends plus, parce que, partout où l'État paraît, il doit arriver avec des principes fixes, des doctrines arrêtées ; parce qu'étant le gouvernement, il doit être obéi, et que l'obéissance, dont l'ordre social nous fait une loi, est incompatible avec la liberté que l'avenir de l'art nous commande de revendiquer hautement.

Mais, messieurs, si je ne comprends pas l'État enseignant, je comprends l'État encourageant, et j'en donne de suite la raison.

L'État enseignant, c'est l'État disant d'une manière officielle : Voilà ce qui est bien !

L'État encourageant, c'est l'État disant avec autorité sans doute, mais pourtant avec une certaine réserve : Voilà ce qui me semble bien !

Je dis : avec autorité, parce le gouvernement, lorsqu'il agit, agit toujours dans la plénitude de sa puissance exécutive.

Je dis : avec réserve, parce que s'il agit quelquefois de lui-même, *proprio motu*, en ces matières il agit encore plus souvent sur l'avis de jurés qui, désignés ou élus, peuvent représenter une majorité, mais ne sauraient prétendre s'imposer comme l'expression d'une opinion unanime.

Je comprends donc l'État encourageant, et je fais plus que comprendre ce rôle ; je le regarde comme imposé au gouvernement, comme une de ses attributions essentielles. Plus la société se démocratise, plus les fortunes se divisent, plus il est indispensable que le pouvoir qui représente l'universalité des citoyens prenne la place des Mécènes qui disparaissent. Il doit avoir des distinctions et des récompenses pour tous les talents et pour tous les âges, pour ceux qui touchent au but et pour ceux qui ne font que l'entrevoir.

Ceci posé, j'examine ce qu'il en doit être au point de vue spécial de la jeunesse, au point de vue des étudiants artistes.

Permettez-moi une hypothèse.

Je suppose un gouvernement sachant qu'il doit encourager même les débuts dans la vie d'artiste, mais comprenant qu'il ne doit que les encourager. Ce gouvernement ouvre une arène où les jeunes talents, les talents naissants viendront se manifester à leur temps, à leur heure, volontairement et librement.

Je dis que cela est bon.

Plus tard le moment arrive où ce même gouvernement est saisi de cette pensée et fait ce raisonnement : L'art touche à la science par certains points; les mathématiques, la perspective, l'anatomie sont des sciences, et ces sciences sont nécessaires à l'architecte, au sculpteur, au peintre. Or la science obéit à des lois, la science arrive à des résultats certains. Ces lois, personne ne peut s'y soustraire. Ces résultats, personne ne peut les nier. De sorte que, en matière de science, il n'y a qu'un parti, il n'y a qu'une école, le parti de la vérité, l'école de la certitude. On peut donc enseigner la science sans cesser d'être neutre en fait d'art. Et ce gouvernement ouvre des cours de science.

Je dis encore que cela est bon.

Cependant la pensée va plus loin; le raisonnement ne s'arrête pas là. Il ajoute : Ces études sont plus que nécessaires; elles sont indispensables; mais elles sont arides. Peut-être les jeunes artistes seront-ils disposés à les négliger, à les sacrifier à des occupations plus séduisantes. Ne serait-il pas bien de les rendre jusqu'à un certain point obligatoires? Et alors, mon gouvernement supposé place à l'issue des cours qu'il a institués, des épreuves, des examens, des concours, des récompenses.

Et moi, je dis : Voilà qui est raisonnable!

A ce point, ce même gouvernement — toujours — arrive fatalement à se dire ceci : J'ai ouvert une arène où l'on devait lutter ; j'en ai fait une école où l'on s'instruit. Or cette école est une école d'artistes et l'on y enseigne maintes choses hors l'art. Il y a dans cette situation quelque chose d'anormal ; je dois y remédier. Je dois faire professer, dans mon école, l'histoire, la théorie, les principes de l'art. Alors, imbu de cette idée qu'il ne doit point établir de doctrine officielle, il organise cet enseignement, mais il lui donne un caractère essentiellement facultatif ; il ne le fait suivre d'aucun examen, d'aucune épreuve ; il laisse chacun libre d'aller au maître de son choix, d'adopter la doctrine qui a ses sympathies.

Eh bien ! je n'hésite pas à dire encore : Voilà qui est acceptable !

Mais, messieurs, qui de vous n'a compris que mon hypothèse est de l'histoire ? Qui de vous ne sait que je viens de rappeler ce qu'était l'école d'architecture il y a quelques années ?

C'est-à-dire :

Une école où les concours tenaient la première place ;

Une école où les cours scientifiques étaient en quelque sorte obligatoires en ce qu'ils conduisaient à des épreuves, à des examens ;

Une école où les leçons consacrées aux matières spéculatives étaient à peu près libres.

Je n'hésite donc pas à prétendre que nous étions en possession d'un système d'enseignement qui sauvegardait le principe de la liberté, et que ce système ne devait pas être renversé quels que fussent les modifications et les perfectionnements qu'il demandât.

Je pressens une objection, messieurs; je la pressens et je ne la fuis pas; je vais au-devant.

Cette objection, la voici :

Il est vrai — je crois traduire la pensée de beaucoup d'entre vous — il est vrai que l'École des beaux-arts, l'École d'architecture était constituée ainsi; mais il est inexact de prétendre qu'elle n'avait pas de doctrine et qu'elle favorisait la liberté. Elle avait au contraire une doctrine, une doctrine arrêtée, et même une doctrine assez exclusive; et elle l'imposait en ce sens qu'elle avait rarement des récompenses pour ceux qui voulaient s'y soustraire.

Je veux essayer de fixer la valeur de cette objection, d'en déterminer la portée, et d'abord de la limiter.

Je désire, en effet, qu'on n'aille pas au delà de ma pensée. J'ai dit que nous étions jadis en possession d'un système qui sauvegardait le principe de liberté; je n'ai point dit que l'application en fût irréprochable. J'ai fait plus, j'ai reconnu que cette application demandait des modifications et des perfectionnements. J'admets donc qu'il existait une doctrine, et, si l'on veut, une doctrine exclusive, dans l'ancienne école ; mais je demande s'il peut être une école sans doctrine ?

Un gouvernement, messieurs, ne saurait tout faire par lui-même. Un souverain et ses ministres ne sont pas à la fois jurisconsultes, médecins, savants, artistes ; ils sont d'abord et avant tout hommes politiques. Puis, pour eux comme pour tout le monde, les jours n'ont que vingt-quatre heures.

Que fait donc le souverain dans un État organisé ?

Il délègue ses pouvoirs à des hommes qui ont sa confiance, à des hommes compétents dans chaque spécialité ; et, ainsi divisée, la somme de travail que demande l'administration d'un grand pays devient possible.

Dans l'espèce, — comme dans tant d'autres, — le gouvernement avait délégué ses pouvoirs.

A qui, messieurs ?

Aux professeurs mêmes de l'école ;

A cette réunion d'architectes choisis appelée le jury de l'école ;

Enfin, au corps le plus élevé dans la hiérarchie artistique, à l'Académie des beaux-arts.

Et, en définitif, je dis qu'il avait agi sagement, car il fallait à sa responsabilité des garanties, et je ne sache pas qu'il pût en trouver de plus solides.

Eh bien ! messieurs, devait-on sérieusement reprocher à ces délégués d'avoir une doctrine ?

Mais tout tribunal s'appuie sur une base. C'est

la coutume, c'est le droit écrit, c'est le droit naturel, et, au besoin, c'est la conscience, qui guident le juge. Mais, pour éviter l'existence d'une doctrine dominante dans une école, il faudrait s'adresser à des hommes sans croyances, sans convictions, et ceux-là seraient de mauvais maîtres.

Une doctrine dominante est donc toujours nécessaire, inévitable. Et, en vérité, quand, jetant les yeux autour de moi, je vois tant d'artistes de talent qui ont fait leurs premiers pas sous l'influence qu'on a si fort conspuée, j'avoue qu'il m'est difficile de trouver qu'elle était mauvaise.

Qu'on lui reproche donc d'avoir été parfois trop exclusive, j'y consens.

Qu'on dise qu'il eût fallu en contenir l'expansion dans des limites plus restreintes, élargir le cercle des idées, augmenter le nombre des juges, les choisir d'opinions diverses, soit. A la rigueur, je m'incline.

Mais qu'on n'oublie pas que ceux qui la pratiquaient, obéissaient aux exigences de la nature humaine, inconvénient inévitable de toute organisation sociale.

Et cela est si vrai, messieurs, que le jour où l'on a pensé que le système sous l'empire duquel vivait l'école était vicieux, que les études y étaient défectueuses, que l'avenir de l'art était en péril, que nos maîtres s'étaient grossièrement trompés et que tout était à faire, ou plutôt à refaire, ce jour-là savez-vous ce que l'on a fait? On a simplement substitué une doctrine à une autre.

Je sais bien qu'on a remplacé certains hommes par certains autres; mais là n'est pas la question.

On a substitué une doctrine à une autre, dis-je; et, si j'en avais le loisir, je les comparerais ici. Je voudrais alors les mettre en présence; je voudrais surtout examiner si les idées du présent sont moins tyranniques que les idées du passé. Mais je suis sollicité par ce qui me semble le côté le plus important de ce sujet, et je m'y attache.

Ce côté, c'est que l'État, en changeant l'organisation de l'École d'architecture y a introduit l'enseignement officiel.

Si vous vous rappelez, messieurs, ce que je vous ai dit il n'y a qu'un instant, vous savez déjà ce que j'en puis penser. A cet égard, en effet, mon opinion ne saurait avoir ni hésitation ni défaillance. Je blâme l'obligation faite à un artiste, quelque jeune qu'il soit, d'assister aux leçons théoriques d'un professeur imposé, et je ne puis comprendre qu'on le soumette à une épreuve sur des principes qu'il peut être plus disposé à combattre, — cela est possible, — qu'à suivre. Je blâme la création d'ateliers dans l'école, parce que l'école, en devenant à ce point enseignante, ne peut manquer d'être un jour, — si elle ne l'est déjà, — plus exclusive que jamais. En sorte que cette modification, disons le mot : cette révolution qui s'est faite au nom de la liberté, a préparé tout le contraire de la liberté.

J'espère, messieurs, que nul de vous ne se méprend sur les sentiments que j'exprime ici. Il est bien entendu que je discute les faits, les principes, mais non les personnes. Que les professeurs soient des hommes éminents, peu m'importe. Je ne veux point d'un maître imposé, ce maître fût-il Bramante ou San-Gallo, parce que son successeur pourra s'appeler Bernin ou Borromini.

Or, dès que les hommes ne sont point en cause, je ne crains pas de parler librement.

Je dis alors que nous avons aujourd'hui, ou, — si quelques résistances isolées retardent encore le mouvement, — nous sommes menacés d'avoir, dans un avenir prochain une École d'architecture officielle au lieu d'une école sauvegardant au moins le principe de liberté, comme nous l'avions autrefois.

Je dis que l'enseignement officiel est une entrave, que toute entrave est contraire à nos tendances comme à nos besoins, et qu'il faut que celle-là soit brisée ou que l'école périsse.

Je reconnais que nous ne pouvons avoir que des éloges à donner à l'effort puissant fait pour propager l'étude du dessin, à la création de ces nombreuses écoles dont notre honorable président vous faisait, l'autre jour, la longue énumération.

Mais je dis que nous ne devons avoir que des résistances vis-à-vis toute ingérance du pouvoir dans la direction du goût, vis-à-vis tout ce qui peut enchaîner notre libre arbitre d'artistes.

Je vous ai annoncé, messieurs, qu'il n'était pas dans mes intentions de traiter à fond le sujet qui nous occupe; je n'y étais en aucune façon préparé. Mais j'ai manifesté l'espérance que la question soulevée appellerait quelqu'un de vous à la tribune. Je vais donc céder la place.

Cependant, avant de la quitter, permettez-moi de dire un mot, un mot seulement sur un sujet qui me tient au cœur; un mot, dis-je que je suis heureux de prononcer en public. Il s'agit d'un fait qui, s'il n'a pas de rapport avec les modes d'enseignement en usage chez nous, en a du moins avec le caractère de ceux qui donnaient jadis l'enseignement privé.

Je m'explique.

Je me souviens que, au milieu des motifs sur lesquels s'est fondée la création d'ateliers dans l'École, il s'était glissé un considérant qui pouvait avoir une grande portée et singulièrement peser sur l'opinion publique. Il faut, disait ce considérant, établir, organiser l'enseignement gratuit.

Messieurs, j'en appelle à tout le monde, quel fait avait donc révélé cette nécessité? Est-ce que les portes des ateliers s'étaient fermées devant ceux qui n'en pouvaient payer la légère rétribution?

Je proteste donc et je vous conjure de protester avec moi au nom de nos vieux maîtres, au nom surtout de ceux qui ne peuvent protester eux-mêmes puisque déjà la mort les a frappés. Jamais l'enseignement gratuit n'a fait défaut à la pauvreté, et jamais, ajouterai-je, la dignité du pauvre n'a eu à en souffrir, car toujours le bienfait fut un bienfait caché.

Ah! messieurs, honneur à la charité officielle; soit! Mais honneur, trois fois honneur à la charité privée, quand la main gauche ignore ce que donne la droite.

Après ce discours, M. le Président invite l'assemblée à passer à la délibération des vœux qu'il a soumis à son approbation dans la séance précédente. La discussion est ouverte. MM. Rohault de Fleury, V. Baltard, Lequeux, C. Daly, Calla, Mavré, Villain, Constant Dufeux et autres y prennent part. Chaque paragraphe est ensuite successivement mis aux voix et adopté dans les termes suivants :

La Société émet le vœu :

1° *Que l'État continue de donner l'enseignement élémentaire et général avec une part plus large au dessin et aux arts dans les écoles communales et les colléges ;*

2° *Qu'il crée, tant à Paris que dans les départements, de nouvelles écoles gratuites spéciales, à l'instar de l'École impériale gratuite de dessin de Paris ;*

3° *Qu'il pourvoie largement à l'enseignement supérieur, scientifique, théorique et spécial, par des cours publics bien ordonnés et professés, autant que possible, par des architectes, à l'École impériale des beaux-arts ;*

4° *Qu'il laisse libre et qu'il encourage l'enseignement par les maîtres, en dehors de l'École impériale des beaux-arts, à l'exclusion d'ateliers dans l'intérieur de l'École ;*

5° *Qu'il constate par des examens et des concours périodiques, suivis de récompenses, la science acquise et le talent;*

6° *Qu'il protége les talents supérieurs, et qu'il aide à leur développement en favorisant les hautes études.*

TROISIÈME QUESTION.

Exposer le rôle de l'architecte dans la Société au point de vue professionnel.

M. Bouchet. Messieurs, pour vous exposer le rôle de l'architecte dans notre société moderne, je ne dois certainement pas, sous peine d'abuser de vos instants, vous entretenir longuement de ce qu'était ce rôle chez les peuples et dans les temps primitifs. Aussi n'en dirai-je que quelques mots; vous le savez d'ailleurs, la dénomination « d'architecte » ne remonte qu'à quelques siècles. Dans les temps anciens, l'architecture était une sorte de sacerdoce; c'était le partage exclusif des savants et des initiés. Les sages et les législateurs grecs, les Césars romains eux-mêmes, ne dédaignaient pas de prendre à l'architecture la part la plus directe et la plus active.

Plus tard, aux premiers temps du christianisme, notre art a compté au nombre des vertus abbatiales. De nombreux évêques se faisaient les architectes des monuments religieux et construisaient eux-mêmes les belles églises qu'élevait leur ardente foi à la gloire du Sauveur. Les architectes d'alors ne quittaient guère la retraite des monastères, où la culture des sciences et des arts occupait toute leur vie. C'était là qu'aux beaux temps du moyen âge on allait chercher le « maître de l'œuvre, » comme on l'appelait alors, pour ériger les chefs-d'œuvre religieux qu'ont produits ces grandes époques artistiques..... Et quand je dis chefs-d'œuvre religieux, je devrais ajouter que ces mêmes hommes présidaient également à tous autres genres de constructions militaires et civiles; car alors, on le comprend, le progrès n'avait pas encore permis cette fatale division entre la construction qu'on pourrait appeler purement mathématique relevant aujourd'hui de l'ingénieur, et ce grand art monumental proprement dit, qui est et restera, quoi qu'on fasse, notre domaine inattaquable et imprescriptible.

Depuis, le temps a nécessairement modifié toutes choses, et les transformations sociales, les accroissements de population ont entraîné celles des arts et la condition même des artistes. Ceux-ci, de rares et choisis qu'ils étaient, sont devenus aujourd'hui, par la force des choses, si nombreux et à la fois si indépendants qu'il n'est pas surprenant d'y rencontrer des mérites différents de tous les ordres et de tous les degrés.

L'architecture, cette grosse branche de l'intelligence humaine où doivent pousser de concert les fleurs de l'art et de la science, est, à cause même de sa double essence, si difficile à cultiver qu'elle a échappé jusqu'ici à la direction exacte qui lui conviendrait afin de lui conserver son principal caractère qui est celui de l'art, sans toutefois la priver des éléments scientifiques sérieux dont il lui est impossible de se passer dans une mesure donnée.

De nos jours la profession d'architecte commence très-bas et s'élève très-haut. Un homme de vingt-cinq ans sachant lire et écrire correctement, qui a travaillé quelques années chez un constructeur, prend aussitôt le titre d'architecte et possède de fait et de droit les mêmes prérogatives qu'un artiste savant et lettré qui siége à l'Académie après trente années de travaux et d'investigations dans le monde entier.

De ce désordre inexplicable, résulte pour les gens du monde une confusion d'idées toute naturelle sur une profession aussi élastique et pour laquelle une garantie moyenne et suffisante de capacité n'est même pas jugée nécessaire, puisque personne ne l'exige et qu'aucune autorité ne l'impose.

Bon nombre de nos confrères, il faut le dire, jettent les hauts cris à la seule pensée de voir réglementer leur art. Ils disent, ces messieurs, que l'architecture se place en tête des beaux-arts, que les beaux-arts sont de leur nature indépendants; qu'en conséquence leur profession ne saurait supporter ni réglementation, ni certificat, ni diplôme, et qu'enfin la liberté illimitée dont elle jouit lui est absolument due et tout à fait nécessaire.

Me sera-t-il permis de combattre cette théorie en répondant que si l'architecture est en effet le premier des arts plastiques puisqu'il comporte tous les autres, cet art, quand il descend dans la pratique, se complique aussitôt d'éléments scientifiques, rigoureux, absolument étrangers à l'art du peintre, du sculpteur, du musicien, etc., etc.; qu'à eux seuls ces éléments suffisent à rendre impossible et irrationnelle toute assimilation absolue entre l'architecte et ses autres confrères en art.

Qu'un bas-relief, en effet, une gravure, une partition, un tableau, soient plus ou moins réussis, la santé, la vie ni la fortune de personne n'en sera compromise, tandis qu'un bâtiment, un édifice mal disposé, mal construit, mal étudié enfin peut entraîner tous ces dommages-là.

Dans le système actuel, le nombre des architectes qui sont à la hauteur de leur profession est en minorité. Ce fait est incontestable et incontesté. De là, dans le public et chez les professions voisines de la nôtre une opinion défavorable et soigneusement entretenue, le croirait-on, par quelques confrères, d'ailleurs distingués, mais tourmentés d'un indéfinissable besoin de critiquer nos travaux, nos efforts et nos tendances. Notre belle profession ne se compose pas seulement de pensionnaires de l'Académie. Le nombre considérable de ses membres contient à la fois des mérites si brillants et des individualités si modestes qu'il est fort difficile aux gens du monde de savoir quelle est au juste la moyenne de considération qu'ils doivent accorder à un architecte. On passe dans nos rangs d'un homme éminent à un homme tout à fait vulgaire sans pouvoir s'expliquer une aussi grande différence entre gens d'une même profession. Il n'en est de même dans aucun autre corps, où tout au moins un niveau moyen de valeur et de mérite couvre et relie tous les membres.

Si nous sommes, et nous devons être avant tout des artistes, nous ne le sommes pas uniquement puisque des intérêts matériels de toute sorte nous sont journellement confiés et qu'il nous faut répondre à la fois à différentes manières d'être qui rendent notre rôle aussi difficile que délicat. Aussi avons-nous besoin d'être pourvus de principes solides et sévères, secondés encore par une longue expérience, pour ne faillir que rarement à la mission que nous devons remplir.

Lorsque, dans un salon, on parle de M. Jacques, avocat, ou de M. Pierre, médecin, on sait *à priori* que le premier comme le second sont des hommes pourvus à la fois d'une éducation première et d'une instruction spéciale, sans lesquelles ces messieurs n'auraient pas le droit de porter leurs titres. Mais quand il s'agit d'un architecte dont l'individualité ne nous est pas connue, il faut l'avouer, c'est bien différent, et l'esprit flotte aussitôt entre l'idée d'un homme vulgaire et peu cultivé et l'idée tout opposée d'un artiste éminent ayant droit à la considération que méritent le talent et les sérieux travaux.

Aussi survient-il à ce sujet toutes sortes de méprises fâcheuses et parfois comiques aussi. J'ai entendu une dame de la meilleure compagnie reprocher amicalement à son fils de dîner régulièrement en société de plusieurs architectes. Pourquoi, disait cette dame, fréquenter aussi intimement... de telles personnes? Et il fallut de longues explications pour démontrer à cette noble dame, fort instruite d'ailleurs en toute autre matière, que tous les architectes n'étaient pas nécessairement, et comme elle le croyait, des employés subalternes chargés de surveiller, le mètre à la main, une équipe de maçons ou de charpentiers.

Passez-moi, messieurs, le récit de cette petite anecdote qui, je le reconnais, n'a rien d'humiliant pour notre esprit libéral, mais qui démontre cependant combien est vague et incertaine la définition de notre rôle. En réalité cette dame, qui jugeait de tous les architectes par le plus grand nombre, était-elle absolument dans l'erreur? Et quelque naïve que fût son opinion, cette opinion était-elle autre chose que la comique parodie d'un régime dont l'excessif libéralisme renferme, il faut le dire, de réels inconvénients?

En présence du désordre extrême qui règne aujourd'hui dans l'exercice de notre profession, en considérant l'anomalie choquante qui résulte d'un même titre donné indistinctement à des hommes éminents comme à des hommes vulgaires, on est surpris que le diplôme qui répond à la fois à toutes les objections, qui serait du même coup une garantie pour le public et une sécurité pour nous-mêmes, reste encore à l'état de question controversée.

On dit : La liberté est la meilleure condition de l'art, les choses ont toujours été ainsi, pourquoi les changer? Arguments qui, à mes yeux, sont faibles et sans grande valeur, car ils ne tiennent aucun compte de la marche du temps, de l'encombrement des carrières et de l'avilissement relatif qui résulte nécessairement pour une grande profession de ce que le premier venu peut l'exercer librement et sans avoir dû fournir au préalable aucune garantie de moralité ni de talent.

Il y a, je le crois du moins, un grand intérêt pour le corps des architectes à se voir enfin classé, défini et apprécié en raison de son caractère, de ses travaux et de ses mérites. Cet intérêt-là est devenu même tout à fait urgent, car chaque jour nous voyons plus fréquemment nous substituer des personnes étrangères à notre profession, soit dans des assemblées où seuls nous devrions porter la lumière, soit en cas de solution à donner à un problème où la construction monumentale est en question.

Ces tendances sont fâcheuses, blessantes même, et nous devons prendre à tâche de les combattre sans perdre un seul instant l'espoir de les vaincre.

Le diplôme seul est appelé à trancher nettement la distinction devenue si utile entre l'artiste architecte et le savant ingénieur. Plus que jamais ces deux belles et grandes professions doivent être clairement définies sous peine de voir celle des deux qui est le plus solidement constituée étouffer bientôt l'autre et faire ainsi disparaître l'art monumental qui est le domaine des architectes et doit rester notre propriété exclusive.

Je ne saurais partager cette opinion que, de nos jours, ces deux grandes professions n'en doivent plus faire qu'une seule. A notre époque d'activité dévorante et de travaux innombrables, cela me paraît un rêve, et, un rêve dont la réalisation serait pleine de dangers pour l'art monumental déjà bien assez gêné et contenu par son seul et inévitable bagage scientifique.....

Un des graves côtés de notre profession, côté qui devrait suffire à nous placer dans des conditions d'importance nettement définies, c'est la responsabilité morale et matérielle que fait peser sur nous la nature même de nos travaux et plus encore la jurisprudence suivie par les tribunaux en raison des insuffisantes dispositions de la loi à notre égard.

Nous avons beau dire et publier qu'il y a dissidence entre les juridictions auxquelles nous sommes soumis, nous avons beau répéter que la mission de l'architecte et celle des entrepreneurs sont aujourd'hui parfaitement distinctes, que la responsabilité solidaire qui est la conséquence d'une association ne peut être justement invoquée contre nous, etc..., nos convictions, si sincères qu'elles soient, ne suffisent pas à nous garantir de toute solidarité, et des faits trop nombreux sont malheureusement là pour nous le prouver chaque jour.

Loin de moi, messieurs, la pensée de décliner absolument la juste responsabilité personnelle qui peut et doit incomber nécessairement à l'architecte. Nous devons, au contraire, tenir, selon moi, à cette responsabilité qui constitue un des hauts caractères de notre profession, et ce serait nous amoindrir que de prétendre nous y soustraire.

Mais ce que nous ne devons cesser de poursuivre jusqu'à ce que nous l'obtenions de la loi ou de la jurisprudence qui en dérive, c'est une distinction formelle et bien tranchée entre la responsabilité de l'architecte et la responsabilité de l'entrepreneur. A chacun la sienne, dit le droit romain, *suum cuique.*

Il est vrai de dire que longtemps des architectes ont entrepris eux-mêmes à forfait la construction de toutes sortes d'édifices, et cette réunion de deux rôles dans un seul a fait tout le mal dont avons à nous plaindre et à souffrir aujourd'hui.

Cette vieille confusion entre l'architecte et l'entrepreneur est devenue indéracinable dans certains esprits et dans la pensée de certains magistrats. Aussi le premier mouvement d'un juge, guidé d'ailleurs par l'influence de la loi à notre égard, est-il d'abord de frapper solidairement, en cas de catastrophe, et l'architecte auteur des projets et l'entrepreneur ou industriel qui en a entrepris l'exécution. On agit tout comme si l'architecte et l'entrepreneur étaient deux associés appelés à se partager le bénéfice matériel de l'opération.

On oublie que l'intérêt de l'architecte, qui consiste à obtenir pour son client comme pour lui-même la meilleure exécution matérielle de ses plans, est par cela même tout opposé à l'intérêt de l'entrepreneur qui ne recherche autre chose que les économies pouvant grossir ses bénéfices, et que, partant, cette mise en cause commune est irrationnelle autant qu'injuste.

A mon avis et pour résumer à propos de la responsabilité personnelle à l'architecte, cette responsabilité ne peut être justement invoquée pendant la période de dix années qui suit l'achèvement des travaux que lorsque l'édifice qu'il a projeté, et dont il a dirigé l'exécution, vient à périr en totalité ou en partie et que des experts compétents ont établi que ce dommage provient d'une disposition vicieuse de ses plans. Hors de là, l'entrepreneur doit seul, à mes yeux être mis en cause, car quelle que soit la surveillance des architectes, un entrepreneur indélicat pourra toujours le déjouer et le tromper plus ou moins dans la fourniture et l'emploi des matériaux qu'il fournit.

Puisque nous sommes au chapitre des contestations, permettez-moi, messieurs, quelques mots relatifs à la question des honoraires.

A différentes époques de ses travaux, et notamment le 22 novembre 1850 et le 6 mars 1863, la Société des architectes s'est préoccupée des discussions et des difficultés que soulevait souvent cette question, et elle a tenu à émettre et à enregistrer, pour n'y plus revenir, sa manière de voir sur cette source de démêlés et de procès.

On a pensé qu'en général la délicate question des honoraires se présentait sous des aspects trop divers et trop nombreux pour qu'il fût possible et juste de lui appliquer une solution unique.

Nous savons tous en effet qu'une somme quelconque dépensée en travaux de décoration ou de détails soigneusement étudiés nous rapporte un bénéfice matériel moindre que celui que nous vaudrait la moitié seulement de cette même somme employée en grosse maçonnerie.

En supposant donc la possibilité d'établir un tarif général d'honoraires, nous ne voyons pas l'intérêt qu'il présenterait et nous apercevons, au contraire, un danger réel à entrer dans ce système, celui de nous trouver, dans un cas particulier, en désaccord complet avec le bon droit et l'équité aux dépens tantôt d'un architecte et tantôt d'un propriétaire, et nous avons vu là une atteinte sans profit à la liberté de l'un et de l'autre.

Il y a d'ailleurs, et nous sommes bien obligés de le reconnaître, de l'art et des soins à tous prix, et tant que les parties sont d'accord et qu'aucune contestation ne lui est déférée dans une espèce donnée, la Société a déclaré n'avoir rien à voir aux concessions mutuelles que peuvent se faire les parties.

Tout artiste, qu'il soit peintre, architecte ou

sculpteur, tout ingénieur, médecin ou avocat peuvent être assimilés, à mon avis, sous le rapport des honoraires, et l'on sait combien il est différent de s'adresser à tel ou tel, suivant la réputation ou le talent qui le distingue.

Voilà quant au principe.

Quant à l'application, nous pensons qu'un architecte doit transiger le moins possible avec le tarif habituel arrêté par le conseil des bâtiments civils le 12 pluviôse an VIII, tarif qui, suivant nous, doit continuer à servir de base en cas de contestation.

Pour me conformer au programme de cette séance, je dois vous entretenir un instant, messieurs, de la situation des architectes devant l'État, les administrations et les particuliers ; je le ferai en peu de mots.

Les artistes dont le talent et la bonne étoile ont fait les architectes de l'État trouvent généralement dans l'exercice de leurs fonctions « honneur et profit, » bien que pour les grands travaux dont l'État les charge ces artistes ne perçoivent que des honoraires proportionnels qui varient, suivant le chiffre des dépenses, entre 3 et 1 pour 100.

Mais à ces avantages un peu restreints, il faut ajouter, outre des allocations de frais de bureaux, le concours de tous agents capables et rémunérés par l'administration. Enfin la méthode à la fois large et sévère que leur impose l'autorité supérieure, le contrôle préalable des bâtiments civils, si toutes ces conditions gênent un peu leurs mouvements, elles entourent, par contre, leur situation de sécurité et de garanties qu'un architecte indépendant de l'administration, mais soumis à des clients particuliers, a bien souvent sujet de leur envier.

Dans les départements les architectes sont nommés par le ministre et reçoivent des traitements fixes augmentés de remises proportionnelles ne dépassant pas 5 pour 100 pour les travaux qu'ils exécutent.

Dans plusieurs départements les préfets ont institué une commission des bâtiments civils composée, bien entendu, de personnes aussi compétentes que possible, mais qui quelquefois cependant, en raison de leurs connaissances plus générales encore que spéciales, créent bien des embarras à l'architecte quelque instruit, capable et dévoué qu'il puisse être.

A Paris chaque grande administration, les deux préfectures, l'Assistance publique etc., dirige un peu comme elle l'entend le service des architectes et leur accorde plus ou moins d'avantages et de liberté. Généralement ces architectes jouissent de traitements fixes et de frais de bureaux, et sauf autorisation spéciale, les travaux particuliers leur sont en principe interdits.

S'il m'était permis à ce sujet de dire ici toute ma pensée, j'exprimerais le regret de voir l'administration demander aux architectes qu'elle emploie autre chose que l'exact et sévère accomplissement de leur devoir, sans s'occuper ni rechercher si les heures de loisirs, plus ou moins nombreuses suivant l'activité personnelle de ses agents, sont consacrées ou non à des travaux particuliers et lucratifs.

Cette privation de liberté et d'indépendance provoque d'autant plus la remarque qu'il est aisé de découvrir en même temps quelque inégalité distributive des indulgences ou des sévérités de l'administration.

A propos de l'exécution des travaux, il m'est malheureusement interdit de rien blâmer; sans cela, je m'empresserais de déplorer l'esprit de direction absolue et personnelle qui y préside souvent, esprit par suite duquel les artistes les plus éminents se trouvent contraints d'employer des dispositions que leur sentiment et celui du public est quelquefois loin de ratifier.

Quelle que soit, à tout autre égard, la remarquable supériorité de nos grands administrateurs, on aimerait à leur voir substituer un comité d'artistes quand il s'agit de trancher des questions spéciales et pour lesquelles leur compétence est au moins fort discutable, et je vous fais juges, Messieurs, de l'opportunité de mon vœu.

I.

Vis-à-vis d'un particulier qui fait construire, il est de jurisprudence admise que l'architecte est un tuteur légal et que le propriétaire est réduit au rôle de mineur inexpérimenté et aux intérêts duquel nous devons veiller avec une sollicitude éclairée.

Ces deux rôles respectifs me semblent fort réguliers, mais c'est à la condition expresse qu'ils soient sincèrement acceptés et remplis, et il n'en est malheureusement pas toujours ainsi. Tantôt c'est l'une des parties qui manque de la fermeté et de l'expérience nécessaires, tantôt et le plus souvent c'est l'autre partie qui, malgré son incapacité légale et son incompétence de fait, prétend prendre à la direction une part qui n'est pas la sienne et compromet ses intérêts au lieu de les sauvegarder.

Sans doute il est difficile d'exiger qu'un propriétaire, quelle que soit sa confiance, reste absolument étranger à une opération dont dépend quelquefois sa fortune. Mais d'un autre côté, il est bien grave que faute d'études préalables suffisamment arrêtées, *ne varietur*, et approuvées par le propriétaire, on vienne modifier les plans à l'exécution et prendre, *ex abrupto* et en toute hâte, des mesures nouvelles qui trop souvent réunissent les inconvénients de deux systèmes sans conserver aucun de leurs avantages.

Aussi est-il désirable que quelle que soit l'importance d'une construction projetée, elle soit l'objet d'un dossier complet et imprimé, contenant les plans, devis et marchés signés; qu'il soit convenu par écrit que toute modification ultérieure devra être régularisée au préalable et également par écrit; qu'enfin la responsabilité regardant l'architecte et la responsabilité incombant à l'entrepreneur soient clairement consignées au cahier des charges et spécialement acceptées par la signature des parties.

On éviterait ainsi une multitude de procès, dont la publicité tend à entretenir dans le public cette défaveur et cette méfiance si regrettables dont j'ai déjà parlé.

En ce qui touche les excédants de dépenses, source éternelle de reproches adressés aux architectes, je voudrais, dans l'intérêt même de cette confiance que nous revendiquons et à laquelle nous avons droit, que pour les constructions ordinaires (car il y aurait danger à étendre ce système aux travaux purement artistiques), je voudrais que l'architecte s'engageât à supporter une partie quelconque de ces excédants, 5 pour 100, par exemple. Cette mesure aurait un double et avantageux effet, celui de provoquer de la part de l'architecte un surcroît de précautions et ferait disparaître en même temps les craintes, plus ou moins fondées, et l'éloignement de certains capitalistes à l'idée de construire et de s'engager dans des dépenses dont ils croient absolument impossible de jamais préciser les chiffres.

II.

Voulez-vous me permettre maintenant, messieurs, quelques brèves considérations touchant le concours public.

Si les incontestables avantages de ce mode encore bien nouveau, mais chaque jour plus en faveur, avait besoin d'un aussi faible appui que le mien, je ne manquerais pas d'essayer de le lui donner, car j'ai à cœur de compter parmi ses plus dévoués partisans.

Je crois fermement que le concours d'une part et le diplôme de l'autre feront bientôt des architectes un corps social sur lequel s'étendra, sans aucune exception alors, la haute considération dont ne profite encore aujourd'hui qu'un trop petit nombre d'hommes de mérite et d'expérience éprouvés.

Le concours public est une sorte d'émanation du suffrage universel et qui exige une assez longue éducation pour produire tout le bien qu'on en doit attendre. Comme toute mesure libérale, le concours public, malgré de bons résultats déjà obtenus, rencontre encore bien des difficultés, des oppositions et jusqu'à des antipathies. Si les jeunes talents y applaudissent tous sans exception, de leur côté, les mérites dejà consacrés y font des réserves, y apportent des restrictions qui, de leur part, il faut le reconnaître, sont vraiment toutes naturelles. L'esprit humain est ainsi fait qu'il nous empêche d'accueillir d'emblée une mesure qui n'est pas directement favorable à notre intérêt personnel, sauf à reconnaître et avouer plus tard que cette mesure qui nous froisse a néanmoins tout le caractère d'un bienfait public.

Il n'est donc pas surprenant que des maîtres à barbe grise aient redouté tant soit peu la lutte corps à corps avec de jeunes élèves encore imberbes et sans aucune notoriété. Mais encore quelques générations et l'habitude, cette grande et impérieuse maîtresse, aura fait disparaître tous ces scrupules.

L'avantage du concours résulte par-dessus tout de l'émulation, de la somme prodigieuse d'efforts qu'il provoque et de l'élévation intellectuelle générale qui en devient la conséquence certaine et inévitable.

Devant un concours qui les intéresse, cinq cents artistes, peu laborieux de nature, vont se livrer à un travail assidu et acharné dont il faudra bien que les traces subsistent et profitent plus tard.

Croit-on enfin qu'il arrivera souvent qu'un artiste sans précédent obtienne la palme victorieuse? Le fait n'est pas probable, mais s'il vient à se produire, il sera d'autant plus précieux qu'il révélera un génie exceptionnel et qui, sans le concours, fût resté dans l'ombre.

Si je tenais à clore ces considérations par un argument qui me semble triomphant, il me suffirait de tourner les yeux vers le sud-ouest de Paris, vers le Trocadéro et l'École militaire, par exemple, et de me demander si le concours public n'eût pas fourni et découvert une solution... différente à ce problème, d'ailleurs fort difficile, mais qu'on eût peut-être pu trouver le moyen de résoudre... autrement?

III.

Avant de terminer, je ne puis me dispenser de vous dire quelques mots encore à propos de l'utilité présente et de l'avenir encore plus sérieux de notre Société impériale et centrale. Fondée le 27 mai 1843, il y a vingt-quatre ans, elle réunit en 1867 plus de trois cents membres, dont une importante fraction travaille avec ardeur et régularité à la réalisation du but qu'elle s'était proposé dès son origine et que sa louable persévérance est aujourd'hui tout près d'atteindre. Ce but, est-il besoin de le définir, consiste à maintenir et élever autant que possible le niveau de notre profession au moyen de travaux élaborés au profit de l'architecture et des nombreuses industries qui s'y rattachent.

Je sous-entends l'esprit de fraternité amicale qui se développe chaque jour davantage parmi nous, ainsi que cet esprit de corps et ce dévouement mutuel qui honorent si utilement les grandes professions, et leur méritent toujours la considération publique.

Si une telle mission pouvait m'être attribuée, je signalerais nominativement à votre reconnaissance, quelques confrères ici présents et dont la vie et les efforts sont consacrés à défendre et à secourir de jeunes confrères qu'ont mis dans l'embarras et dans le malheur, ces cas de responsabilité et de garantie devenus aujourd'hui si redoutables pour tous les architectes sans exception.

Depuis qu'elle existe, la Société n'avait jamais cessé de fonctionner régulièrement, et de produire même une somme de travaux, qui souvent surchargeait ses membres les plus dévoués. Mais depuis peu notre Société, par la force des choses, est entrée dans une phase de redoublement de généreux et d'énergiques efforts.

Nos confrères, les plus éminents et les plus honorés ont compris que leur concours nous était dû comme un puissant encouragement à notre persévérance et au but même de nos travaux ; aussi à dater de ce moment, et suivant une prédiction déjà exprimée, notre Société a-t-elle passé d'un état d'adolescence déjà laborieux à un état de force et de virilité tout à fait complet.

Selon moi, la Société impériale et centrale des architectes est appelée à devenir, indépendamment de ses autres attributions, un tribunal spécial du bâtiment, tribunal qui devra connaître en premier ressort, et le plus souvent sans appel, de toutes les contestations relatives à l'art, à la pratique et au contentieux des affaires, questions souvent si embarrassantes pour les tribunaux ordinaires que les solutions données sont rarement satisfaisantes. Et quel poids n'auraient pas, en effet, aux yeux des juges, des avis motivés émanant des spécialités éminentes de notre Société ?...

Avant de quitter cette place, et comme conclusion des considérations que j'ai eu l'honneur de vous présenter, je voudrais qu'il me fût permis de résumer les vœux que je forme dans notre intérêt commun.

Ce que je souhaite vivement, c'est l'union fraternelle et sincère de tous les architectes au moyen de leur adhésion et de leur concours à notre Société.

Ce que je souhaite encore, c'est l'oubli des récentes divisions créées par des différences de doctrine ou des tendances personnelles ; car ces tendances sont également respectables et explicables, puisqu'on les rencontre chez des hommes éminents également sincères et honorables.

Ce que je souhaite enfin, c'est la concorde et le travail mis généreusement en commun au service d'une nouvelle forte et cordiale constitution du corps des architectes français.

Je finis, messieurs ; je n'ai plus qu'à vous remercier d'avoir écouté des choses que je crois bonnes et que je regrette de n'avoir pu vous dire dans un langage plus digne de vous.

Permettez-moi d'espérer que le caractère de cordialité de cette réunion vous aura disposés à toute l'indulgence nécessaire, et soyez bien convaincus que l'innovation de 1867 comptera parmi les plus heureuses que puissent enregistrer les annales de notre Société impériale et centrale.

CONFÉRENCE INTERNATIONALE

Présidence de M. Victor BALTARD, membre de l'Institut.

SÉANCE DU LUNDI 29 JUILLET 1867.

Suite de la troisième question.

M. Villain. Mes chers confrères, il y a beaucoup à dire sur le troisième sujet proposé à notre conférence internationale, et qui a été pourtant si bien traité à la dernière séance par notre confrère Bouchet.

Il y a tant à dire que, au risque même de paraître répéter certaines parties de son mémoire, j'oserai cependant vous faire part de certaines réflexions faites depuis longtemps sur ce sujet, et que ces conférences me fournissent l'occasion de mettre au jour.

Veuillez m'accorder toute l'indulgence que je sollicite, d'autant plus que c'est de la témérité de prendre la parole, lorsque des voix si dignes de se faire entendre se taisent discrètement.

L'abstention de ces maîtres, semblerait devoir me condamner au silence ; mais je veux soutenir une thèse, et si je n'ai ni le talent ni le bonheur de vous convaincre, j'aurai du moins le courage de le tenter.

Je serai bref et précis.

J'examinerai avec vous :

1° *Quelle position occupait autrefois l'architecte dans la société?*

2° *Quelle est sa position actuelle vis-à-vis du public?*

3° *Quelle est par déduction celle que je souhaiterais lui voir obtenir dans l'avenir?*

1° Quelle position occupait autrefois l'architecte? Je passe les temps reculés, car vous le savez comme moi, les artistes, peintres, sculpteurs et architectes, sont connus ; ils sont mêlés à l'histoire.

Je franchis encore les premiers siècles, et arrivant au XIVe je trouve le Giotto à Florence décoré du titre de citoyen, avec une pension de 100 florins d'or.

Bramante, au XVe siècle, fut comblé de faveurs par Jules II.

En 1568, Pirro Ligorio, à Ferrare, fut nommé par le duc Alphonse II son architecte, avec un traitement de 25 écus d'or par mois. Je citerai Vignole, puis Philibert Delorme, qui, bien que simple tonsuré, fut nommé, par les faveurs de la reine Catherine, conseiller et aumônier ordinaire du roi de France.

Dominique Fontana, en 1586, fut créé par le

pape Sixte-Quint, noble Romain et chevalier de l'Éperon d'or.

Aux XVIIe et XVIIIe siècles, je rappellerai Inigo Jones, Christophe Wren en Angleterre, Jacques Van Campen, en Hollande, qui furent comblés d'honneurs.

En France Hardouin Mansard, décoré de l'ordre de Saint-Michel par le grand roi, fut nommé le premier architecte du royaume puis plus près de nous, les Gabriel, les Percier, les Fontaine, furent dignement appréciés.

Ainsi le talent, vous le voyez, jusqu'au commencement de notre siècle, a reçu en tous pays sa haute récompense, sinon par les profits, du moins par les honneurs. Le nombre des architectes était plus restreint, le maçon construisait les maisons, et l'architecte les édifices.

Pour répondre à la seconde question, examinons maintenant, ce qui se passe de nos jours.

Pour embrasser la carrière d'architecte (je parle du véritable architecte) deux routes se présentent :

D'abord celle des affaires publiques avec les grandes administrations de l'État ; ensuite celle des affaires particulières, avec ces grands seigneurs, amateurs distingués, trop rares de nos jours, puis les favoris de la fortune, et enfin les spéculateurs peut-être trop nombreux.

Chaque architecte, après avoir terminé ses études, est libre de suivre, selon son désir, la route qui lui convient ; mais c'est précisément au début que les difficultés l'attendent.

S'il veut entrer dans les administrations publiques, il lui faut être non-seulement un artiste instruit, mais être aussi énergiquement protégé parce qu'il doit lutter souvent contre des concurrents moins capables, mais plus soutenus par les relations du monde. Pour parvenir, il lui faut aussi la chance et la faveur.

Pourtant, l'artiste recherche ces emplois. Pourquoi ? C'est qu'il espère ainsi atteindre le but de ses plus douces aspirations, utiliser à son tour les études de sa jeunesse, mettre à profit les leçons de ses maîtres.

Il espère enfin trouver la tranquillité d'esprit nécessaire à cet art si complexe, et la considération que donne le talent acquis.

Il sait bien qu'il aura des luttes à soutenir, mais il ne les prévoit pas toutes, et le temps lui amène bien des désillusions.

On a blâmé l'artiste de s'être laissé enrégimenter, et d'avoir ainsi abdiqué son indépendance.

Croyez-vous que ce soit lui qui ait créé ce nouvel état des choses, d'invention toute moderne et dont il souffre? Non certes ; il l'a subi forcément, il a lutté ; mais il a été fait prisonnier faute d'une arme pour défendre son indépendance, faute d'un talisman qui pût le rendre inviolable.

Que vouliez-vous qu'il fît? qu'il abandonnât cette route, pour prendre la seconde, celle des affaires particulières? C'était en effet le seul moyen qui lui restât.

Mais avant de parcourir cette seconde route tellement encombrée, examinons de quelle force il pouvait disposer.

Après avoir sacrifié, comme le disait si bien, il y a quelques jours, notre honorable président, *après avoir sacrifié*, dis-je, *sa jeunesse*, *c'est-à-dire la plus belle partie de sa vie*, *à l'étude du beau et du vrai*, il croit, dans sa naïve ignorance des choses de la vie, que par le talent et le travail, toutes les portes lui seront ouvertes; il frappe timidement à la première qui se présente.

Qui êtes-vous? Un artiste, répond-il... Nous n'avons que faire d'un artiste savant; il nous faut un praticien! Montrez-nous vos œuvres? où sont les palais, les hôtels que vous avez déjà construits?... N'ayant en portefeuille que des dessins, il reste interdit, baisse la tête comme s'il était coupable, et part pour frapper à une autre porte, où l'attend la même question, et toujours la même réponse.

Le cœur ému, il s'arrête, et considère cet obstacle que la société place sans cesse devant lui. Son courage n'est pas éteint, mais il comprend alors que pour franchir cet obstacle, il lui manque un appui.

Il sait cependant, que d'autres avant lui, surmontant toutes ces difficultés, ont parcouru honorablement jusqu'au bout, cette route ouverte à tout le monde, où se coudoient sans ordre, les honnêtes gens et les maraudeurs.

Il s'y engage donc avec ardeur, mais à chaque pas, il est arrêté, ici par la concurrence déloyale, plus loin par la spéculation qui le guette, plus loin encore par l'indélicatesse qui le tente. Il se heurte à mille obstacles, il cherche de tous côtés un appui, et bien que sa conscience le soutienne et le guide à travers ces périls, quand il arrive au but, ses cheveux ont blanchi, son cœur est déchiré, les forces lui manquent, et les illusions ont fui.

N'eût-il pas marché la tête haute et avec moins de peine si, pour parcourir cette route moins obstruée, on lui eût délivré un sauf-conduit ?

Voici donc actuellement les deux seules routes à suivre pour l'architecte, et malheureusement, comme vous le voyez, toutes deux ont leurs périls, et la responsabilité, comme une épée de Damoclès suspendue sur sa tête le poursuit à chaque instant et menace ses jours.

Quel moyen faudrait-il donc chercher, qui pût mettre entre les mains de l'architecte cette arme pour défendre son indépendance, ce talisman pour aplanir les obstacles et le rendre inviolable, ce sauf-conduit qui le protégerait dans la carrière qu'il veut parcourir ?

Vous l'avez deviné, c'est le diplôme dont j'entends parler ; hors lui point de salut, et je veux le prouver, pour répondre à la troisième question.

Comment l'architecte honnête et capable peut-il être aujourd'hui distingué au début de sa carrière pratique?

Quelle est la mesure dont se sert à cet égard la société?

Aucune, il n'en existe pas.

Voyez quelle différence avec d'autres professions libérales.

Le peintre sent-il en lui le souffle de l'art, avec quelques couleurs, un lambeau de toile, sa main habile peut créer un chef-d'œuvre.

Le statuaire prend un bloc de pierre ou de marbre, et sous son ciseau apparaît une statue qui fera l'admiration des siècles.

L'avocat, à la fin de ses études, couronnées par le stage, pourra mettre en lumière son talent oratoire en défendant d'office le prévenu que la justice lui confie.

Le médecin en renom, n'a t-il pas eu, comme récompense de ses premières études, une place d'interne dans un hôpital, où a commencé la réputation qu'il a su depuis affirmer dans le monde.

Ainsi le peintre, le sculpteur, l'avocat, le médecin, peuvent prouver ou leur talent ou leur science en entrant dans la société. Ils se présentent, et une lueur les précède.

L'architecte, au contraire, sous peine d'être accusé d'orgueil, ne peut prouver lui-même son mérite. S'il expose des dessins, on dit qu'il fait des images, il est dessinateur, et non pas architecte.

La société n'ayant pas le moyen de les apprécier, considère au même niveau tous ceux qui se disent architectes.

L'artiste éminent est traité presque comme l'ignorant; on discute avec lui, on lui donne des conseils, on lui indique des modèles, on lui impose des formes, des styles, et lorsque cédant à un sentiment de juste fierté, il quitte le terrain, mille autres à l'envi se précipitent pour l'occuper, et la place tenue par un maître est envahie souvent par le valet ignorant et audacieux.

Je le répète, dans le diplôme est le salut. Il donnera à l'artiste l'indépendance, et lui ouvrira les portes de la société.

Il les trouvera sans doute assiégées par la concurrence, mais par la concurence loyale.

Il pourra lutter à armes égales contre un adversaire estimable.

Je voudrais aussi que la responsabilité de l'architecte ne fût jugée que par ses pairs.

Je désirerais que les architectes experts près les tribunaux ne fussent admis que par des concours ouverts parmi les architectes diplômés.

On a prétendu que le diplôme étoufferait l'art. Non, messieurs, je ne le crois pas; et puisque, dans notre époque, éclectisme il y a, je souhaiterais que tous les architectes éclectiques obtinssent ce diplôme pour former, sans divisions fâcheuses et regrettables, une seule famille dont notre Société impériale serait le centre de réunion.

Je crois ce diplôme indispensable aux architectes de l'avenir. L'État partage peut-être cet avis, car il a été question un moment de l'établir comme récompense des hautes études, dans cette École des beaux-arts dont l'édifice, comme les règlements, subissent depuis longtemps de nombreuses transformations (1).

J'aurais voulu que le diplôme fût mis en corollaire, à la suite des vœux exprimés sur l'enseignement architectural par notre honorable président.

Je le crois nécessaire à l'indépendance de l'architecte; ce serait un rayon de lumière pour éclairer sa route.

La Société pourrait dès lors découvrir l'artiste capable et timide, trop souvent laissé dans l'ombre; enfin, l'ignorant audacieux ne pourrait plus s'élever au-dessus des autres avec des ailes d'emprunt, car elles se détacheraient de lui pour le précipiter à terre s'il osait, comme Icare, affronter les rayons du soleil.

M. J. DA SILVA (architecte portugais). Messieurs, ayant reçu l'invitation de l'honorable Société Impériale et centrale des architectes de Paris pour prendre part à ces conférences, j'ai voulu avoir l'honneur de venir moi-même la remercier, et en

(1) Depuis l'époque de la Conférence, le diplôme a été institué à l'école.

même temps concourir, comme il me sera possible, au but si profitable de ses travaux.

La troisième question qui, dans cette séance, doit être traitée, est une des plus importantes et assez difficile pour moi pour la savoir développer comme il aurait fallu; cependant je profiterai de cette occasion pour vous faire connaître, messieurs, quelle a éte la marche progressive de l'architecture en Portugal, dans quatre époques très-remarquables de l'existence sociale de la nation portugaise.

Certainement je ne pourrai pas satisfaire d'une manière complète pour exposer quelle est la position de l'architecte devant la société; toutefois, je vous rendrai compte des efforts qui ont été faits dans mon pays pour que son influence ait agi sur sa civilisation.

Je vous demanderai, messieurs, d'avoir pour moi de l'indulgence, pour qu'il me soit permis d'aborder une question aussi difficile et importante devant une réunion d'architectes si respectables par leur savoir et leur renommée.

Les arts, et surtout l'architecture, sont les miroirs où se réfléchit l'état moral et physique du peuple qui les cultive. Ils deviennent ainsi à leur tour un puissant élément de civilisation pour ce peuple.

Bien qu'il n'y ait aucun doute sur ces deux assertions, je me propose de les examiner en les simplifiant, et mon but spécial consistera à apprécier la manière dont l'architecture peut exercer son influence sur le développement de la civilisation d'un peuple, et quelle est, par conséquent, la mission de l'architecte devant la société.

Quatre monuments caractérisent à la fois, en Portugal, les principales phases de l'architecture et de la vie du peuple portugais. Ces monuments sont : les monastères d'Alcobaça, de Bathala, de Belem et le palais royal de Mafra.

Le premier est l'œuvre du fondateur de la monarchie qui en posa la première pierre au milieu du XIIe siècle. Il est certain que pendant les siècles, suivants, les formes en furent altérées peu à peu. Cependant l'église conserve encore les vastes proportions de sa primitive construction; son ample, mais simple portail, ses murailles hautes et épaisses de pierres de taille unies, ses trois nefs soutenues par de grosses colonnes destituées d'ornements, le pourtour du chevet du temple, quoique très-altéré dans ses accessoires; enfin, dans tout l'intérieur de l'église, on découvre très-distinctement l'art simple et grossier du siècle d'Alphonse Ier, premier roi de Portugal.

Et qui ne verra pas, dans cette construction vaste et solide, mais entièrement dépourvue d'ornements, les croyances simples des Portugais de cette époque, leurs mœurs grossières, mais pures et simples, leurs efforts pour la fondation de la monarchie et pour consolider leur indépendance nationale, la pensée grandiose d'étendre de plus en plus, à la pointe de l'épée, les frontières du royaume naissant? Ces hautes murailles, grossières et sombres comme les murailles d'une forteresse, disent sans doute que toutes les idées de leurs fondateurs étaient absorbées par l'esprit religieux et guerrier, et que toutes les forces vitales de la nation étaient employées pour ainsi dire exclusivement dans les champs de bataille.

L'architecture devait donc signaler dans ses constructions ce caractère ferme et sévère qui était la caractéristique de la constitution guerrière et valeureuse de la nation portugaise. L'art servant alors à fomenter cette ardeur belliqueuse, offrait à ces vaillants chevaliers des constructions formidables par leur solidité, et qui devaient leur servir de défenses sûres. Il manifestait en même temps l'influence que l'aspect de ces grandioses édifices devaient nécessairement produire sur l'esprit du peuple et contribuer à disposer leurs âmes à résister aux dangers des luttes et à les fortifier pour combattre pour la foi et pour la gloire de la patrie.

L'architecture d'alors était simple comme les mœurs des peuples, modeste dans son apparence, comme le demandait la simplicité des hommes voués aux fatigues de la guerre et à des travaux pénibles, mais qui se préparaient toutefois à jouir d'une existence plus pacifique et plus agréable, aussitôt que l'indépendance de la nation serait assurée et le nom portugais craint et respecté. Ainsi l'architecture de cette époque primitive de l'existence sociale du Portugal ne signifiait pas uniquement son état politique : l'art servait principalement à fortifier leur courage et à leur inspirer des entreprises audacieuses ; c'est pourquoi la fondation d'Alcobaça paraît toute romantique, toute pleine de foi, de valeur et d'art, comme la considère un écrivain français distingué.

Les guerres désastreuses avec la Castille, sous le règne du roi don Ferdinand, les discordes civiles occasionnées par le mariage de ce souverain avec l'intrigante dona Éléonore Telles de Menezes, fit tomber la nation dans le plus lamentable état d'abattement et de division que l'on pourrait imaginer. A la mort du roi don Ferdinand, enlevé à la fleur de son âge par une mort précoce, le Portugal semblait condamné irrévocablement à courber la tête sous le joug de Jean Ier, roi de Castille, qui envahit le pays avec une nombreuse armée, pour faire valoir les droits de sa femme la reine dona Béatrix, fille unique de notre roi don Ferdinand et de dona Éléonore Telles, au trône de Portugal, droits assurés par le contrat nuptial, et protégés par tous les moyens possibles par la veuve de don Ferdinand, à qui ce dernier avait confié la régence. Le peuple, quoique abandonné des nobles, qui se laissèrent corrompre pour la plupart par les libéralités de la Castille, puisant son courage et sa force dans l'imminence même du danger, recourt aux armes, se groupe autour de l'étendard sacré de l'indépendance nationale et proclame pour son général le grand maître de l'ordre d'Aviz, frère naturel du souverain décédé, qui marche à la rencontre de l'ennemi et remporte sur lui une victoire si complète à la bataille d'Aljubarota, qu'il l'oblige à fuir et à mettre un terme à la lutte.

Les trois États du royaume se réunissent en Cortès dans la ville de Coimbre, afin de résoudre la question de la succession de la couronne. La voix éloquente de Jean das Regras, invoquant la loi suprême du salut public, persuada à l'assemblée de donner la couronne au grand maître d'Aviz, puisque l'héritier légitime du trône et son frère, tous les deux fils de D. Pierre Ier et de la malheureuse reine D. Inez de Castro, se trouvaient prisonniers en Castille.

Saluant l'indépendance nationale et inaugurant pour la seconde fois le principe de la souveraineté populaire, le peuple portugais vit rayonner l'aurore d'une nouvelle époque, la plus remarquable, la plus glorieuse de son histoire.

Ce fut en commémoration de cette brillante victoire sur Jean Ier roi de Castille et par suite de ces événements, que le grand maître d'Aviz, devenu roi de Portugal sous le nom de Jean Ier, fonda le superbe couvent de Batalha. C'est de tous nos monuments celui qui présente l'harmonie la plus admirable en toutes ses parties, le plus de goût et une meilleure distribution des ornements; le plus de beauté et de perfection dans l'exécution des travaux. C'est donc le plus parfait monument de notre pays, et l'époque de notre histoire dont il retrace le souvenir, est celle de la plus grande vigueur de la nation portugaise, des plus nobles et plus généreuses pensées de ses enfants; c'est encore l'époque de la plus parfaite harmonie des idées dans les régions de la politique; enfin celle où les vertus civiques sont les plus pures et les plus fortes. Voilà pourquoi le monastère de Batalha montre, par le soin qui préside à son architecture, le commencement et une forte impulsion donnée au développement de la civilisation des Portugais; car ce magnifique édifice porte l'empreinte de toutes les gloires acquises par le roi Jean Ier et ses illustres fils sur les champs de bataille et dans les découvertes de nouvelles terres et de nouvelles mers. Aussi dans cette seconde période de la nouvelle existence sociale, l'art se manifeste sous des traits plus distingués. Ses formes sont sveltes, ses proportions calculées par de justes divisions, les décorations disposées avec convenance et bon goût, et l'exécution du travail montre un soin tout particulier.

Quoique la foi exerçât sur les esprits un empire absolu, l'imagination éclairée de l'architecte domine hardiment dans ses œuvres, dans lesquelles le savoir de l'artiste, la délicatesse du travail et la richesse de la composition, obligèrent le peuple à contempler avec autant de vénération religieuse que d'admiration artistique, ce monument mémorable de sa piété, de son patriotisme, de sa valeur et de son courage.

Désormais les mœurs sont plus polies, le public commence à apercevoir l'empire que la beauté de l'art exerce sur les sens ; on commence à comprendre combien il est agréable de contempler les beautés que l'art sait inventer, et c'est de cette manière que se modifie sa grossière organisation et que sa civilisation se développe graduellement ; et cette transformation si utile, est due aux exemples que l'architecture lui montre dans ses œuvres, où la symétrie et l'harmonie s'unissent pour rendre agréables, parfaits et majestueux les édifices qui s'élevèrent à cette époque dans notre pays. Quoique ce soit dans l'architecture que se réfléchit la civilisation des peuples, il importe de remarquer, que pour être à même de contribuer à obtenir ce résultat, il faut d'abord qu'ils aient obtenu le développement social nécessaire, pour exercer cette influence ; comme il arriva en Grèce au temps de Périclès et Phidias, quand l'art fut parvenu à son plus haut degré de perfection. — Ainsi, pour pouvoir parvenir à montrer cette supériorité morale, il faut que les beaux-arts exercent leur influence et avant tout l'architecture, qui frappe le plus les yeux dans ses ouvrages, et qui exerce sur l'esprit la plus vive impression par la contemplation continuelle de ses productions. La raison du vulgaire, habituée à comprendre le mérite du beau, l'entraîne insensiblement dans la voie de la civilisation.

La fin du xve siècle fut témoin d'événements mémorables qui ouvrirent une nouvelle époque glorieuse pour l'histoire du Portugal. La découverte de la route des Indes par Vasco da Gama fit entrer les Portugais, et à son tour tout le monde civilisé, dans une nouvelle phase de vie sociale. Les navigations, les conquêtes et le commerce, nous mettant en rapport d'intimité avec beaucoup de peuples étrangers, et nous apportant de nouvelles connaissances qui firent naître de nouveaux besoins, modifièrent peu à peu les habitudes et les mœurs des nations. Les richesses firent naître le luxe. L'ancienne austérité de nos mœurs se changea en douceur; la simplicité des habitudes d'autrefois se transforma en galanterie; et si la mollesse ne vint point engourdir les forces de la nation, ce fut parce que la victoire, couvrant partout de lauriers l'étendard de Portugal, venait constamment animer et exalter l'esprit public par des hymnes de triomphe. Toute cette période de notre existence politique est fidèlement représentée par le magnifique monastère de Belem, élevé par le roi D. Emmanuel le Grand en mémoire de la découverte des Indes, et à l'endroit même où l'immortel Vasco da Gama et ses compagnons s'embarquèrent pour leur audacieuse entreprise.

La noble grandeur et le courage héroïque qui présidèrent à la fondation de l'empire portugais en Orient, et qui firent de Lisbonne l'entrepôt commercial de tous les produits de l'Asie, la splendeur et la gloire de nos armes, la poésie de tant d'entreprises aventureuses, tout est symbolisé dans le monument de Belem, avec une exactitude et une clarté surprenantes.

L'état de transition sociale qui résulta de ces événements pour la nation, est également indiqué dans le monument par le mélange de divers styles d'architecture, qui montrent aussi à leur tour une période de transition remarquable dans l'architecture.

C'est pour cette raison que le monastère de Belem, symbolisant la pensée qui a présidé à son élégante construction, nous indique, de la manière la plus positive, quel était l'esprit de la nation portugaise à cette époque de grand enthousiasme par la propagation de la foi et l'agrandissement de la monarchie. Le somptueux monument de Belem fut donc élevé en commémoration d'une des plus audacieuses entreprises que les hommes eussent jamais tentées : celle de franchir l'espace immense de l'Océan, et d'aller découvrir des terres inconnues, soumettre à leur pouvoir de puissantes monarchies, étonnant le monde par leur intrépidité cette poignée d'aventuriers, qui, non contents de déchirer le voile mystérieux de l'Océan, obligèrent tant de potentats de l'Asie à rendre foi et hommage et à payer tribut au souverain d'un peuple qui possédait à peine un petit coin de terre à l'extrémité occidentale de l'Europe.

L'heureux résultat d'une entreprise si extraordinaire, inspira à l'architecture une des plus sublimes productions artistiques que le pays possède, dont la somptuosité et la magnificence caractérisent particulièrement l'art à cette époque.

Qui se lassera d'admirer la magnificence de ce monument sans être stupéfait en examinant ces voutes hautes et compliquées du transept du temple, dont l'architecte Aviler, dans son dictionnaire de l'architecture a désigné par le mot « hardi », — la téméraire et grandiose construction; telle est l'admirable importance obtenue par la stéréotomie dans la rare combinaison de ces voûtes? Qui ne reconnaîtra pas son grand mérite dans la configuration gracieuse et svelte des points d'appui, qui séparent les nefs et soutiennent ces voûtes? Qui ne verra pas dans la composition des ornements du portail de cette grande église, une pensée gracieuse et sublime? Qui ne se souviendra, en étalant dans ces dentelles délicates, ces ronces exquises et ces arabesques variées à l'infini, du poëte malheureux qui, dans des vers pleins de sentiments et de tendres souvenirs, déplorait si vivement ses amours infortunés, réveillant par la douceur de son chant, les échos des montagnes de Cintra? Quel est celui·qui, regardant ces reliefs si nombreux et si variés, oubliera les productions sublimes, dont Gil Vicente dota le théâtre portugais, et que d'autres grands écrivains donnèrent de l'éclat et de l'honneur à la littérature nationale?

Comment douter, d'après cela, messieurs, que ce fut le résultat de l'influence des arts qui contribua le plus à perfectionner le goût des Portugais et à faire marcher la nation par le sentier du développement de sa civilisation.

Dans les trois périodes que nous venons de mentionner nous avons fait voir, par rapport à l'art : 1° dans la première, l'influence de l'architecture sur un peuple audacieux, quoique grossier ; 2° dans la seconde elle commence à ressortir davantage et à montrer un caractère défini et harmonieux, d'accord avec l'énergie et le courage qui donnèrent une forte impulsion à la civilisation des Portugais ; 3° durant la troisième un état de transition dans l'architecture signalé par les plus capricieuses rêveries des artistes, et parfaitement d'accord avec la transition du peuple dans ses conditions sociales.

Nous nous occuperons maintenant de la quatrième période, pendant laquelle une nouvelle phase s'est opérée entièrement différente, tant sous le rapport de la vie sociale du peuple, comme de l'architecture.

Plusieurs causes qu'il est inutile d'examiner dans le sujet qui nous occupe, détruisant les derniers vestiges de notre ancienne liberté, réunirent dans la personne du roi tous les pouvoirs de la nation. Le roi Jean V, cessant de convoquer aux Cortès, les trois états du royaume, inaugura le gouvernement personnel, c'est-à-dire l'absolutisme pur, que ses successeurs acceptèrent et suivirent.

On donna donc, pendant cette période, à nos institutions, une organisation homogène, en l'identifiant avec le principe monarchique, ainsi triomphant. L'architecture, accompagnant les nations dans leur marche sociale, subit aussi dans cette occasion une grande réforme chez nous. Le roi D. Jean V, en fournit l'occasion et lui ouvrit un champ très-vaste, faisant construire en accomplissement d'un vœu, le somptueux couvent et palais de Mafra. Jean Frédéric Ludovic dicta la loi en se plaçant à la tête de la réforme en l'an 1711. Cet habile architecte fut chargé du tracé et de l'exécution de ce monument colossal.

La grandeur et l'harmonie des idées dans les régions de la politique, l'héroïsme et la poésie des grandes entreprises, furent parfaitement retracés dans les arts, comme nous l'avons dit, surtout dans l'architecture et la sculpture dans les temps héroïques du Portugal. Les monuments de cette époque sont, par la majesté de leurs proportions, par l'harmonie dans toutes leurs parties, par la sévérité et la noblesse des lignes, enfin par la gracieuse invention et la sage distribution des ornements, une véritable école pour perfectionner le goût du public et pour développer l'étude des artistes. L'œuvre de Ludovic exerça aussi son influence sur l'architecture dans notre pays dans le courant du XVIIIe siècle.

L'architecture de la Renaissance eut, comme toutes les créations humaines, son époque de prospérité et de décadence. Parmi ceux qui s'élevèrent au zénith de leur gloire à cette époque, on cite : Bramanti, Peruzzi, Sangallo, Michel-Ange, Vignole et Palladio. La mort de Michel-Ange et l'achèvement de la coupole de Saint-Pierre à Rome, sont les bornes qui marquent le commencement de sa décadence dont la responsabilité est attribuée à trois architectes italiens très-distingués : Bernini, Borromini et Pozzo, et surtout au premier, à cause des fantaisies qu'ils eurent et des libertés qu'ils prirent.

Ce furent, sans contredit, les œuvres de ces artistes qui servirent d'étude à l'architecte portugais qui construisit l'édifice de Mafra ; mais tout en se faisant partisan de leur style, il modifia l'excès de leurs libertés. Ce fait, à une époque où les noms de ces trois artistes et surtout celui de Bernini, exerçaient encore une influence sans limites, sur les artistes, principalement de l'Italie, honore sûrement beaucoup l'architecte portugais Ludovic.

C'est de ce style modifié que sortit le palais de Mafra, et les critiques devront convenir que malgré sa signification morale le titre de Grand Architecte est justement dû à son auteur, abstraction faite, d'ailleurs du pays où ce monument fut élevé. Et parvenant ainsi à tracer un palais modelé pour ainsi dire sur les mœurs, les croyances et les aspirations du souverain et de la nation, il créa un type d'architecture nationale, non pas beau, mais régulier, noble et majestueux, type qui sert de chronique et de portrait de tout le long règne du roi D. Jean V.

Dans la grandeur et la majesté du temple se trouve consigné l'esprit religieux de l'époque ; religieux, principalement dans les formes extérieures ; c'est pourquoi il y prodigua tout le luxe des ornements. Dans les proportions colossales de tout l'édifice et dans la projection hardie de sa superbe coupole, il symbolisa l'élévation de la pensée gouvernative en plusieurs matières du bien public, élévation qui se manifesta, non pas dans cette institution d'une vanité fastueuse, mais plutôt par l'impulsion puissante qu'il donna à toutes les améliorations matérielles et quelques-unes morales du pays ; par ces entreprises grandioses, telles que l'ouverture des canaux, la construction des routes et des ponts, la création de fabriques et l'introduction de nouvelles industries, l'organisation et la restauration de la marine militaire, la fondation de l'académie et plusieurs autres établissements utiles ; enfin, dans la sévérité des façades du palais, dans la froideur même de son expression, dans la manière dont se lièrent la royauté et la vie monastique, le couvent, prenant les formes d'un palais, et celui-ci, à l'intérieur la simplicité austère d'un couvent, l'architecture montre la froide et sévère étiquette de la cour de D. Jean V, la piété pleine d'ostentation du souverain et de la cour, les habitudes tristes et les mœurs monotones du peuple ; enfin le genre de vie tant soit peu monacal de la société, sous lequel on cherchait à cacher ou à corriger la corruption qui commençait à ronger le corps social, corruption que la voix éloquente de l'illustre prédicateur Antonio Vieira sut dépeindre avec tant de vigueur dans ses sermons.

Ce somptueux monument, pour la construction duquel furent employés dix-sept mille ouvriers, et dans lequel les bonnes règles de l'architecture, les proportions bien combinées et les justes décorations sont parfaitement en harmonie, exerça une si grande influence sur le goût de la nation, qu'il servit de modèle à toutes les constructions importantes de ce règne et du suivant, pendant lequel, en 1755, une horrible catastrophe détruisant Lisbonne, procura à l'architecte Eugène dos Santos de Carvalho, l'occasion de mettre en pratique, lors de la restauration de Lisbonne, les préceptes de l'école de Mafra, dans lesquels il fut élevé.

Ainsi nous vîmes paraître, non-seulement dans les édifices publics et dans toute la ville neuve, mais encore en un grand nombre de maisons particulières, construites sur plusieurs points de cette partie de la ville qui fut préservée de la destruction, une certaine uniformité dans les règles de l'art et les exigences du goût. C'est cette uniformité qui imprima un caractère distingué et entièrement national dans l'architecture de cette époque.

C'est pourquoi, la fondation du palais de Mafra,

tout en inaugurant pour l'architecture portugaise, une nouvelle époque de réforme et de splendeur, encouragea les arts et créa d'habiles artistes, qui, par leur talent et leur application au travail, contribuèrent puissamment au progrès de la civilisation, à l'éclat et au bien-être de la société.

Ainsi, nous venons de voir, messieurs, comment les monuments constituent la chronique du peuple qui les a élevés ; chronique bien plus vraie que celle qui est écrite par les mains de l'historien ; car l'historien peut, comme il arrive souvent, être guidé par l'intérêt de parti qui dirige sa plume, des passions qui l'empêchent de voir les hommes et les choses, dans leur véritable jour ; et aussi par ignorance des événements et de leurs origines, qui les induisent souvent dans des appréciations fausses. Mais l'architecte, qui trace le plan d'un monument, et le sculpteur, qui le couvre d'ornements, croyant ne faire rien de plus qu'exécuter les préceptes de l'art, ont laissé empreinte, dans les formes de l'édifice et dans les parures dont ils l'ont orné, la vie publique et morale d'une génération entière.

Ainsi les arts qui sont si intimement liés, ou, s'il m'est permis de m'exprimer ainsi, tellement consubstanciés avec la société, que sans le vouloir, ou même sans s'en apercevoir, ils la dépeignent avec une exactitude si parfaite, ne sauraient manquer d'exercer à leur tour une puissante influence sur les progrès intellectuels et moraux de la société. Examinons maintenant comment l'architecture exerce cette influence :

L'art confie à l'architecte deux missions distinctes, savoir : 1° approprier les édifices dont il est chargé, aux besoins créés ; c'est-à-dire aux mœurs, aux usages et au goût du peuple chez lequel il vit. C'est en remplissant dûment cette mission que l'architecte devient historien. 2° La seconde mission lui impose le devoir de s'efforcer d'introduire dans le pays le bon goût, d'établir dans les édifices tant d'harmonie dans les proportions, qu'exécuté et suivi systématiquement, il puisse transmettre insensiblement aux esprits et aux idées cette harmonie, ce bon ordre, dont naissent les pensées généreuses et les grandes entreprises civilisatrices; enfin, elle lui impose surtout le devoir de chercher soigneusement à améliorer les conditions sociales, en tout ce qui dépend de son effort.

Cette seconde mission est beaucoup plus pénible et plus difficile que la première, puisqu'elle a de très-importants problèmes à résoudre, aussi bien de l'art que de la vie sociale ; mais aussi, pour cette raison, elle est beaucoup plus élevée et plus noble.

Dans l'état actuel de la civilisation, messieurs, le bon goût est une des plus impérieuses nécessités d'une nation qui se dédie, non-seulement aux beaux-arts, mais aussi et principalement à l'industrie, attendu que cette dernière est actuellement le plus puissant auxiliaire de la prospérité et de la grandeur des États. Le bon goût se développe dans les individus au moyen de l'éducation ; mais il est vrai aussi qu'il se produit spontanément par l'habitude de voir le beau. C'est aux gounements qu'incombe la tâche de promouvoir l'éducation publique. L'architecte est forcé de donner à ses constructions, qu'elles soient d'ailleurs riches et somptueuses, ou humbles et simples, un aspect de régularité, de beauté modeste, d'harmonie, qui plaît aux yeux des moins intelligents.

La beauté est un idéal qu'on peut à peine définir, et qui, dans les espaces infinis de la nature, prend des formes extrêmement variées et capricieuses. Demandez à un rustre quels sont les attributs de la beauté, il ne saura que vous répondre; mais placez devant lui l'image du beau, et vous le verrez extasié et frappé d'étonnement.

Ainsi donc, lorsqu'une ville parvient à se transformer, soit rapidement comme on voit se transformer Paris, ou petit à petit par l'action systématique de ses architectes, ses habitants, s'accoutumant à voir partout le même principe d'ordre, les mêmes préceptes de régularité, les mêmes lois de l'harmonie, ne sauraient manquer d'acquérir le bon goût, comme par une sorte d'usage transmis de père en fils.

Mais ce ne sera pas là le seul avantage que la société en retirera. Si le ciel qui nous couvre, le pays que nous habitons et les objets qui nous entourent depuis notre enfance, peuvent avoir une influence bienfaisante ou sinistre sur le cours de nos idées, ce que certainement personne ne contestera ; ces principes d'ordre, ces préceptes de régularité, ces lois de l'harmonie, toujours et partout devant nos yeux, agiront avantageusement sur nos esprits et nos idées.

Nous voici arrivés à la partie la plus transcendante de la deuxième mission de l'architecte.

La pénalité a été, dès les temps les plus reculés, un des soins les plus sérieux des législateurs ; une des plus graves questions qui se soient agitées parmi eux. On a cru, pendant de longues années, que la société n'avait à tirer vengeance, dans la punition des crimes, que des offenses reçues par elle-même, qu'à prendre garde à la plus juste application du châtiment, et la plus éclatante démonstration de l'exemple. La philosophie moderne a refusé à la société le droit d'ôter la vie à ceux mêmes qui l'auraient le plus offensée, et elle a ajouté à ces charges le devoir de travailler ardemment à la régénération des délinquants. Ce fut un problème jeté par les philosophes au sein des législateurs. L'architecture se chargea de résoudre le problème ; et elle y parvint en dessinant ces édifices remarquables appelés *Pénitentiaires*. Voilà donc, messieurs, comment ce grand perfectionnement dans les conditions morales de la société, est dû principalement à l'architecture.

Dans les pénitentiaires, le délinquant trouve dans une reclusion sévère, dans le silence et le travail la punition de ses crimes et l'épreuve la plus capable de le corriger de ses vices, de purifier son âme, et de le mettre de nouveau à même, par le repentir, de rentrer dans ses droits envers la société.

N'est-ce pas à ce noble art que l'humanité est si redevable de nos jours pour les améliorations si importantes qu'il a introduites dans les hôpitaux? Les excellentes conditions hygiéniques que les hôpitaux offrent actuellement, facilitent les guérisons en diminuant considérablement la mortalité des malades par les conditions d'une distribution sagement combinée d'air et de lumière, et par une infinité de circonstances, qui amènent la propreté et le service prompt et facile des malades, la propreté du bâtiment et l'économie dans les dépenses générales de l'établissement.

Ne devons-nous pas à l'architecture la solution d'un autre problème, qui, quoiqu'il regarde la distraction publique, est également important et civilisateur? Nous voulons parler des moyens qu'on a trouvés pour donner aux théâtres et à toutes autres salles de spectacle ou de réunions publiques, la ventilation nécessaire. La société doit donc à l'architecture de pouvoir fréquenter les grandes enceintes qui sont douées de ces améliorations sans malaise ni danger, mais respirant un air pur et sans éprouver l'excès d'une température trop élevée et jouir aux théâtres de l'effet d'une illumination brillante, sans que la vue soit offensée par le grand foyer de lumière et l'éclat excessif des lustres, jusqu'aujourd'hui en usage.

L'architecture a également contribué de la manière la plus efficace et la plus brillante à ces magnifiques fêtes du travail, à ces défis de l'industrie humaine qui sont la plus noble devise du siècle actuel, la plus véritable expression du progrès et un des plus puissants instruments de la civilisation de l'univers. L'architecture peut s'enorgueillir d'avoir rendu praticable cette pensée sublime de réunir sous les voûtes d'un même édifice les industries de tous les pays et les productions du monde entier, afin que, parvenant à mieux se connaître, ces pays en se fraternisant davantage, cherchent à éclairer leur esprit, à encourager l'étude, à perfectionner leur industrie et à glorifier le travail.

Gloire à la France qui donne au monde le spectacle imposant de réunir dans sa capitale toutes les nations de la terre, qui pleines d'allégresse viennent lui tributer leur admiration et aussi leur reconnaissance pour son affable hospitalité, et son généreux et noble encouragement; afin que tous les peuples continuent à travailler sans relâche au grand-œuvre des améliorations sociales.

Ces faits et d'autres encore que je m'abstiens de vous citer, messieurs, parce qu'ils sont trop évidents à votre judicieuse pénétration, démontrent clairement, le rôle important que joue l'architecture dans les progrès actuels de la civilisation.

Par ces exemples on voit à l'évidence la position distinguée qu'occupe aujourd'hui l'architecte devant la société, ainsi que la haute influence qu'elle exerce sur l'illustration et le bien-être.

Il est donc du devoir de tous les gouvernements éclairés, de seconder par tous les moyens qui sont à leur portée, la noble et très-honorable mission que le progrès de l'humanité a confiée à l'architecte.

Nous témoignons donc, en ce moment solennel, nos félicitations et nos sincères remercîments à l'honorable Société impériale et centrale des architectes de Paris qui nous inspire, dans cette respectable réunion, par elle organisée, un stimulant profitable, un exemple de dévouement pour la gloire de l'art et qui nous donne, de plus, un témoignage honorable de l'estime que ses illustres membres accordent à tous leurs confrères, dans la conviction qui les anime, que leurs utiles efforts ne seront point infructueux, et dans leurs nobles aspirations pour le bien de l'humanité et pour le crédit et le bon nom de notre profession.

M. le Président. Nous remercions M. da Silva de nous avoir fait entrevoir l'état actuel de l'architecture dans un pays aussi intéressant que le Portugal.

Les renseignements si complets qu'il a bien voulu nous donner à ce sujet, nous inspirent le plus vif désir d'aller nous rendre compte par nous-mêmes des faits si curieux qu'il vient de nous révéler, et de lui rendre, par la même occasion, la visite qu'il fait à ses confrères de France, visite dont ils lui garderont un profond souvenir.

M. Stier, de Berlin. — Messieurs, C'est au nom de mes quelques confrères allemands qui se trouvent dans cette assemblée, que je prends la parole pour vous remercier, vous tous, messieurs, et votre très-honorable président, de l'initiative heureuse que vous venez de prendre en convoquant ce congrès international des architectes. Je vous remercie des inspirations, que nous avons puisées dans les discours intéressants et spirituels de vos séances, et je vous prie de vouloir bien nous excuser par la difficulté de parler une langue étrangère si nous n'avons pas pris une part plus active à vos débats, si nous nous sommes bornés au rôle d'auditeurs attentifs.

Mais pourtant nous tenons à cœur de ne pas perdre de vue de notre part le caractère international de ce congrès, et les conséquences heureuses qui pourraient en résulter pour notre art. En regard de ces réflexions, je vous demanderai quelques minutes d'attention, pour vous donner aussi bien et aussi succinctement que possible, quelques notices sur l'architecture de ma patrie, de l'Allemagne, et pour vous soumettre quelques propositions, que je crois être l'expression exacte des vœux de la grande majorité de mes confrères allemands.

Messieurs, il faut vous dire en premier lieu que l'Allemagne possède plusieurs écoles d'architecture comme elle possède plusieurs centres dans le sens politique. Les capitales des divers États, qui composent la grande patrie allemande, ont des écoles d'architecture qui professent l'étude et l'exercice de leur art d'une manière différente, qui rivalisent entre elles, et dont les opinions se combattent. D'un autre côté la France possède depuis le siècle de Louis XIV des institutions non interrompues pour l'enseignement de l'art. L'Académie française des beaux-arts a survécu à tous les orages politiques, elle prospère encore, et c'est un fort argument pour la justesse des principes sur lesquels elle est basée. En Allemagne, au contraire, d'après les grandes guerres au commencement de ce siècle nous avions perdu toute relation avec les arts du passé. En régénérant l'État, il nous fallut aussi retrouver l'art, son exercice, son enseignement, même ses plus simples idées. Les artistes de ce temps trouvèrent devant eux une *tabula rasa*, un rude travail. Ils cherchèrent leur instruction à l'étranger, en France, surtout en Italie.

A Rome, dans les premiers vingt ans de ce siècle se trouvait réuni un nombre d'artistes allemands étudiants et travaillants. C'est à leurs travaux, à leurs études que nous devons le développement nouveau des arts de notre patrie. C'est à Rome, c'est dans cette ville éternelle où s'est inspiré Pierre de Cornélius le grand maître de la peinture allemande; c'est là où travaillaient Thorwaldsen et Rauch, les maîtres de notre sculpture moderne, c'est en Italie, c'est par des études absolument libres que se sont formés nos architectes Schinkel et Stier de Berlin, Klenze de Munich, Hubsch de Carlsruhe et nombre d'autres. En retournant dans leur patrie, ils formaient des écoles dont les œuvres ont conservé jusqu'à présent, en partie du moins, le caractère des œuvres de leurs maîtres.

Vous avez constaté, messieurs, par des exposés lucides, que l'éclectisme formait le caractère franchement accusé de l'art de notre siècle. Nous autres allemands acceptons de bonne volonté cette opinion, car il n'y a pas de pays où cet éclectisme ait acquis une forme aussi tranchée qu'en Allemagne. Il y a des différences de style entre un bâtiment de Berlin et un autre de Vienne ou de Munich et vis-à-vis de tendances basées sur l'adoption des formes et des principes de l'antiquité et de la Renaissance, vous en trouverez d'autres qui empruntent leurs formes au Moyen Age. Il va sans dire qu'on cherche en même temps à suffire à tous les besoins compliqués de la civilisation moderne, que tous les moyens de la technique et de la construction moderne sont appliqués à nos œuvres d'architecture. Entravés de mille parts par une tradition historique quelconque, nous espérons d'arriver par cet état de guerre, par ces opinions différentes se combattant avec vivacité, même avec fanatisme, à respecter les diverses formes de l'art, à les étudier profondément et à les juger sans préoccupation.

Je viendrai à présent dire un mot sur les *écoles* proprement dites : L'État, en se formant à neuf au commencement de ce siècle, avait besoin d'architectes, car dans ce temps et longtemps après, ce n'était que lui qui exécutait des travaux vraiment importants, et on n'avait pas encore une idée du grand développement de l'architecture privée. On attacha donc l'architecte à l'État, à l'administration en lui donnant une position de fonctionnaire, en créant pour lui une hiérarchie administrative. On fonda enfin des écoles spéciales d'architecture qu'on sépara des académies des beaux-arts auxquelles on ne laissa que l'enseignement de la sculpture, de la peinture, du dessin. C'est dans ma patrie spéciale, c'est dans la Prusse que ce système, qui ne voit dans l'architecte qu'un employé et ne veut bien souvent pas de l'artiste, a été adopté avec le plus de rigueur.

Vous le trouvez moins développé dans le Wurtemberg, dans la Bavière; l'Autriche heureusement en a été épargnée.

D'un autre côté, le développement immense de la technique moderne vint bientôt nous demander des études toutes nouvelles.

On ne savait à qui s'adresser, on s'adressa à l'architecte, et l'on réunit l'enseignement de l'architecture, qu'on avait déjà séparé de celui des autres arts plastiques, on le réunit, dis-je, étroitement avec celui de la technique. C'est sous ce point de vue qu'on a fondé ou réformé les écoles polytechniques du Hanovre, de Carlsruhe, de Stuttgart, de Munich, de Zurich, de Vienne. C'est de là aussi que viennent les relations intimes qui existent entre les *architectes* et les *ingénieurs* allemands.

C'est encore une fois la Prusse qui a poussé, du moins en théorie, au plus loin l'union, l'exercice commun de l'architecture et de la technique. Elle donne dans son académie d'architecture de Berlin le même enseignement à l'architecte et à l'ingénieur; elle demande de l'un et de l'autre l'étude de ces deux branches bien différentes. Les autres écoles que je viens de vous nommer réunissent à la fois, pour vous rappeler les types français, la section d'architecture de l'Académie des beaux-arts, l'école des ponts et chaussées, et même l'école des arts et métiers. Du reste, cette union n'est qu'extérieure, et dans les sections d'architecture de ces écoles l'art a retrouvé une instruction large et fertile. Malgré quelques institutions peu favorables, un grand nombre d'artistes sont sortis de là, des talents éminents qui ont fait l'honneur de leur art, soit comme employés de l'État, soit comme architectes privés.

Messieurs, il m'est impossible d'entrer dans les détails des institutions différentes de ces écoles. Je ne veux que dire qu'elles possèdent le rang de nos universités, qu'on y entre muni des connaissances préalables sur la science, qu'on y est libre, en général du moins, dans le choix des cours qu'on veut suivre et du parti artistique qu'on veut embrasser. A la fin du cours, l'école donne un diplôme. L'influence de l'État sur cet enseignement ne s'étend que sur les moyens qu'il fournit pour l'entretien de l'école, sur le choix des professeurs, sur les examens enfin, qu'ont à subir ceux qui veulent se vouer à la carrière administrative.

Nous ne connaissons pas, en Allemagne, l'enseignement qui se pratique par l'atelier comme en France. Le jeune architecte entre dans l'atelier d'un maître, mais quand il a passé l'école, et non plus comme un élève, mais comme un collaborateur.

Permettez, messieurs, d'attirer encore un moment votre attention sur une institution que possède la plupart de ces écoles, Carlsruhe, Stuttgard, Vienne, entre autres. Tous les ans, les étudiants entreprennent des voyages sous la direction de leurs professeurs; ils étudient les bâtiments, ils visitent les chantiers, ils dessinent les monuments historiques; leurs dessins sont publiés, et l'État gagne par là, outre un moyen excellent d'instruction, une collection de dessins des plus exacts des monuments remarquables du pays. Des concours libres sont établis pour les jeunes architectes, avec des prix pour des voyages d'études. Chacun qui se sent en force peut prendre part à ces concours.

Si je jetais encore un coup d'œil sur la position des architectes dans la société, je ne pourrais que constater qu'elle est à peu près la même qu'en France. Nous cherchons surtout à établir des relations fraternelles entre tous les architectes allemands.

Il n'y a en Allemagne presque pas de ville de quelque influence où ne se trouve pas une société d'architectes et d'ingénieurs occupés à s'instruire mutuellement, occupés même avec des publications importantes. La société des architectes de Berlin, par exemple, fondée en 1828, compte près de deux mille membres, dispersés par tout le pays, dont plus de trois cents sont actifs à Berlin. Elle se compose de nos confrères les plus jeunes, comme les plus anciens et les plus respectés.

En outre, les architectes de toute l'Allemagne se réunissent tous les deux ans, au mois de septembre, dans l'une des villes de l'Allemagne, pour un congrès général. Aux discussions sur les questions de l'art se joint la visite des monuments de la ville et une exposition de dessins d'architecture. Le congrès prochain aura lieu l'année 1868, à Hambourg, et je vous assure d'avance, messieurs, que la présence à ce congrès du plus grand nombre de nos confrères français serait pour nous un témoignage d'intérêt des plus flatteurs.

Messieurs, je reviens enfin sur les quelques propositions que nous autres architectes allemands voudrions bien soumettre à votre attention. Si elles ne se rattachent pas aux questions de l'art, proprement dites, si elles s'occupent plutôt de la position de l'architecte dans la société moderne, c'est parce que nous pensions que la première condition pour le développement de l'art est de donner à ceux qui doivent le professer, qui en doivent être les prêtres, une position où ils soient complétement libres d'eux-mêmes, maîtres dans leurs fonctions, et par là les vrais architectes de l'avenir qui viendra.

Voilà nos propositions :

I.

Notre époque n'arrivera à un développement sain et fertile de l'architecture comme art, que quand on réussira à lui faire occuper une place aussi libre et dégagée comme la peinture et la sculpture la tiennent.

II.

Le contrôle et les prescriptions de l'administration et de la police, pour ne pas entraver la marche naturelle de l'art, doivent se borner à un point rationnel ; l'administration et la police ne peuvent pas prescrire de certains modes de construction ou des règles d'esthétique.

III.

Pour la juridiction en fait de bâtiment, des cours de justice composées d'hommes du métier, à l'instar des cours de commerce, seraient de la meilleure influence.

IV.

La concurrence étant, de même que pour toutes les autres branches du travail humain, le motif le plus puissant pour le développement de l'architecture, on recommande l'institution de concours publics, s'il était possible, internationaux, et des expositions spéciales de dessins et de modèles d'architecture. On arrivera par ce moyen, non-seulement à exciter les architectes à montrer le plus largement leurs forces et à reconnaître les talents éminents entre eux, mais on provoquera aussi par là l'intérêt du public ; on propagera la connaissance de notre art.

Messieurs, je ne crois pas avoir besoin de m'expliquer longuement sur les motifs et les considérants de ces propositions. Vous les comprendrez bien, car nous autres architectes sommes tous plus ou moins touchés par les conditions défavorables que ces propositions tendent à combattre, et dont vous avez vous-mêmes signalé quelques-unes dans les discussions précédentes. Je mets donc ces propositions entre les mains de la très-honorable société des architectes français pour les mettre en discussion à un congrès international prochain.

Car j'espère, messieurs, que ce ne sera pas pour la dernière fois que nous sommes réunis ici ; j'espère que vous nous convoquerez encore souvent, car c'est d'ici, c'est de la France, c'est de vous que cette initiative doit sortir. J'espère que les relations fraternelles que vous avez nouées par vos tentatives généreuses ne cesseront jamais de s'accroître et de se consolider, pour constater que nous, artistes, nous ne sommes qu'un seul peuple, et que nous ne possédons qu'une seule patrie dont nous voulons tout le développement, toute la puissance, toute la gloire, c'est notre art !

QUATRIÈME QUESTION.

Traiter de l'influence de l'architecture sur les productions de l'industrie.

M. Lequeux. Messieurs, en me proposant d'étudier devant vous quelle est ou quelle doit être l'influence de l'architecture sur les productions de l'industrie, je n'avais pas entrevu toutes les difficultés de cette étude, et, témérairement engagé, j'aurais été tenté de me retirer prudemment si je n'avais compté sur votre indulgence.

Je m'efforcerai de la mériter par la brièveté de cet entretien.

Le rang qu'occupe dans le programme la question qui m'est échue, m'appelle à prendre la parole un des derniers ; cette question ainsi que les premières ayant pour objectif l'architecture, il doit arriver que les considérations que j'aurai à présenter côtoieront quelquefois, si même elles n'empruntent, le chemin parcouru d'une manière si intéressante par mes devanciers.

Il pourra bien en résulter quelques répétitions pour lesquelles je vous demande grâce ; mais, au surplus, ces répétitions auront l'avantage de vous rappeler les conférences précédentes. Il n'y a que moi qui puisse avoir à souffrir de la comparaison.

La question à l'ordre du jour est donc celle-ci :

Traiter de l'influence de l'architecture sur les productions de l'industrie, avec cette note : *restreindre autant que possible ce sujet à l'époque moderne.*

Cette étude est sans contredit une de celles qui peuvent le plus intéresser l'architecte et l'industriel.

L'architecte à cause de la vulgarisation des produits sur lesquels son influence se révélera, et l'industriel à cause du perfectionnement de ces mêmes produits dont la valeur en sera nécessairement augmentée.

L'influence de l'architecture sur les produits de l'industrie est de deux sortes : l'influence artistique ou spirituelle, qui a pour effet le perfectionnement de la forme et l'expression d'un sentiment ; et l'influence matérielle, qui a pour effet le développement de la production.

Examinons d'abord en peu de mots, messieurs, l'influence matérielle.

Le développement prodigieux de l'industrie et de ses productions en ce qu'elles touchent par un point à l'architecture, est en raison directe des créations architecturales qui augmentent ou diminuent suivant les variations de la richesse publique.

Par créations architecturales j'entends toutes les œuvres des architectes et des ingénieurs, œuvres de frères consanguins, que dans ces derniers temps l'opinion a cherché à séparer et qui étaient autrefois très-bien réunis quand ils s'appelaient San Gallo, Michel Ange ou Philibert de Lorme.

Séparation moderne qui n'a pas sa raison d'être, qui peut créer un antagonisme regrettable et que du fond du cœur nous désirons voir disparaître. C'est sous la pression de cette influence que depuis un demi-siècle la France s'est couverte d'usines dont quelques-unes sont des villes, et où tous les produits nécessaires à l'art de bâtir sont livrés au monde entier plus perfectionnés que jamais.

Voilà l'influence immense et matérielle exercée par l'architecture au point de vue de la production.

Il faudrait citer toutes ces usines et leurs produits si variés ; je ne l'entreprendrai pas, j'ai promis d'être bref.

Examinons maintenant quelle est cette influence au point de vue de l'art, et pour cela quels sont les rapports entre l'art et l'industrie.

L'industrie est la puissance productrice qui a pour but la satisfaction des besoins matériels.

L'art est la puissance qui anime les produits, qui idéalise la matière.

C'est par lui que la matière est mise en communication avec l'âme de l'homme et peut donner à cette âme des sensations en rapport avec son essence, des sensations immatérielles.

L'industrie, c'est l'utile.

L'art, c'est le beau.

Deux mots, expression de deux principes qui ne

devraient jamais être séparés, et qui réunis sont la formule du bien.

Dans la première réunion de cette conférence j'avais cru entendre prononcer le divorce de ces deux principes ; mais notre honorable confrère, qui a ouvert d'une manière si brillante la série de nos conférences, dans une explication aussi franche que bien développée m'a démontré que je m'étais trompé, qu'il n'était pas aussi radical, mais que théoriquement le beau existait indépendamment de l'utile et l'utile indépendamment du beau. C'est vrai théoriquement et dans une certaine mesure, comme la force existe indépendamment de la grâce, comme l'homme existe indépendamment de la femme; mais une loi divine ne nous dit-elle pas de réunir ces deux indépendants ?

Le beau tout seul ne suffit pas aux besoins de l'humanité, l'utile tout seul ne suffit qu'aux êtres inférieurs à l'homme, parce que l'homme a une double essence : matérielle par son corps, immatérielle par son âme, et il faut pour la satisfaction complète de l'homme que ces deux essences soient satisfaites.

D'ailleurs, messieurs, est-ce que toutes les œuvres de la création ne réunissent pas au suprême degré ces deux principes, le beau et l'utile ?

Quelle est l'utilité du splendide plumage des oiseaux, de la magnificence des fleurs, du brillant pelage de certains animaux ?

Leur existence et leur reproduction, l'utile enfin

n'est-il pas assuré sans toutes ces merveilles?

Il faut en conclure que, d'ordre divin, le beau et l'utile doivent être unis dans une même pensée, et que ce sera toujours de cette union, plus ou moins intime, que dépendra le plus ou le moins de perfection de l'œuvre.

Messieurs, si cette opinion que j'ose affirmer devant vous est juste au point de vue de l'art en général exerçant son influence sur les produits industriels, combien elle me paraît plus juste encore si l'on considère cette influence exercée par le grand art, l'art que vous avez entendu, il y a peu de jours, appeler si justement la Loi.

Quel art en effet, autant que l'architecture, a pour mission essentielle de manifester dans ses œuvres ces deux principes *du bien*, le beau et l'utile.

Dans les temps anciens, l'influence, je dirai plus la domination de l'architecture était générale et d'autant plus absolue que ce qu'on appelle industrie moderne n'existait pas.

Tous les autres arts étaient soumis à sa loi, et il n'y avait que des ouvriers obéissant au grand maître des œuvres, à l'architecte souverain.

Mais quittons ces époques déjà si loin de nous par leurs mœurs et leur constitution sociale et religieuse, afin d'obéir à la recommandation du programme.

Traversons sans nous y arrêter le moyen âge et toutes ces transformations successives si bien exposées dans la première conférence, et reconnaissons qu'à la grande époque si artistique de la renaissance, l'architecture était bien encore une puissance exerçant son influence sur les produits industriels, mais que cette puissance était alors comme jusqu'à nos jours la sujette d'une autre puissance à laquelle l'architecture devra toujours obéir ; cette puissance supérieure c'est le sentiment public contemporain, dégagé de la mode éphémère qui en prend souvent le masque, et dont je parlerai bientôt. Sous l'empire du sentiment public contemporain, l'architecture est la manifestation vraie des besoins qui résultent de l'état des mœurs, des croyances, du développement de la civilisation et des formes politiques ou sociales d'un peuple et de l'époque au milieu desquels cette manifestation se produit.

Il y a plus, l'architecture, tout en obéissant aux exigences de l'époque contemporaine doit encore subir, plus que tous les autres arts, l'autorité des lois inflexibles de la science, tenir compte des convenances des climats, vaincre et utiliser les résistances ou l'inertie de la matière, et c'est précisément à cause de ces difficultés si diverses qui se dressent devant l'architecte, et qui ont été l'objet de ses longues études, c'est par cette obligation de résoudre au point de vue de l'art tous ces problèmes si variés que cet architecte, plus que tout autre artiste, réunit les qualités indipensables pour exercer une influence légitime et salutaire sur les productions industrielles.

Cette influence est plus ou moins directe, quoique ayant la même origine. Elle est plus directe et pour ainsi dire immédiate sur les produits spéciaux de l'industrie des constructions; elle est moins directe, quoique aussi importante, sur les autres produits industriels.

Dans le premier cas, l'architecture agit par l'autorité du commandement; dans le second, le plus souvent par l'autorité de l'exemple.

Permettez-moi, messieurs, de citer ici quelques industries dont les produits sont encore exposés dans cette grande solennité à l'occasion de laquelle nous sommes réunis.

Je ne citerai aucun nom, et je me tiendrai dans des généralités qui ne peuvent blesser personne.

S'il s'agit de l'industrie du mobilier, quels sont les produits les plus parfaits? Ce sont ceux dans lesquels sont le mieux observées les lois de la stabilité même apparente, la juste pondération des masses et leur équilibre, l'harmonie des détails, et, permettez-moi ce mot technique, la concordance d'échelle des détails entre eux.

Ces qualités ne sont-elles pas les conséquences immédiates de l'éducation artistique des architectes?

Dans l'industrie des tapisseries, quelque précieuse qu'en soit la fabrication, quelle que soit l'étendue de la palette du tapissier, l'architecte s'appuyant sur ces deux principes, le beau et l'utile, dont le convenable n'est qu'un dérivé, préviendra, par son influence, des écarts capricieux.

Ainsi, pour la composition des tapis sur lesquels le pied, en se posant, n'attend que sensation douce et moelleuse, on ne verra pas des ornementations ayant la prétention d'imiter des matières dures et des objets saillants.

Pour celle des tapisseries verticales destinées à décorer des murailles, il voudra les qualités essentielles de la peinture murale; il voudra que l'ornementation ne détruise pas la forme de ce qu'elle doit enrichir.

A l'imitation des anciens, quelques modernes l'ont compris ainsi, mais c'est une exception.

Il en est de même de l'industrie des papiers peints, qui a fait des progrès immenses au point de vue de l'art comme au point de vue de la fabrication, et ces progrès sont incontestablement dus à l'influence de l'archictecture. Dans l'industrie des bronzes, qui rentre dans l'industrie du mobilier, ce sont toujours les mêmes principes qu'il faut appliquer; il n'est pas de beau bronze si d'abord sa forme générale ne répond pas au besoin; on pourra reconnaître des qualités de quelques détails comme on aime à voir un fragment d'une belle œuvre qu'on reconstruit par la pensée; mais une pendule, un candélabre, fussent-ils de la plus belle matière, l'exécution manuelle fût elle irréprochable, ne seront pas des œuvres complètes si, dans la pendule, tout ne concourt pas à mettre en évidence la partie dominante, l'utile, le cadran;

et si, dans le candélabre, tout ne procède du besoin de porter la lumière : autrement, ce seront des choses sans nom, appliquées comme accidentellement à tel ou tel usage. Eh bien, messieurs, c'est encore l'architecture qui seule peut, avec sûreté, poser ici les bases de l'alliance de l'utile et du beau.

Malheureusement, il faut reconnaître que cette influence de l'architecture, cet art sérieux et logique par excellence, rencontre souvent une grande résistance de la part d'une certaine puissance capricieuse que j'ai déjà nommée et qui, se disant le progrès, en est le principal ennemi.

Cette puissance c'est la mode, qui a pour auxiliaires, d'une part, l'amour aveugle de la nouveauté, et de l'autre, l'engouement non moins aveugle des choses qui ne sont plus et qui ne peuvent pas revenir.

Pour refaire le passé dans l'architecture il faudrait refaire le passé dans les mœurs et dans les habitudes.

Le fleuve de la vie des nations est comme celui de la vie des individus, on ne le remonte pas.

D'un autre côté produire du nouveau, toujours du nouveau, encore du nouveau, non parce que ce nouveau est mieux que ce qui est, mais parce qu'il est autre chose, tel est le grand obstacle à tous les perfectionnements. Sans doute ma pensée n'est pas qu'il faille se traîner dans les ornières de la routine ; sans doute la transformation des habitudes et des besoins réels d'une société doit amener la transformation des moyens de satisfaire ces besoins et ces habitudes ; mais ces transformations sont lentes et réfléchies après des oscillations plus ou moins longues qu'un de nos honorables confrères a appelées les phases critiques de la société ; alors ces transformations sont le progrès, tandis que les transformations brusques comme la mode les provoque sont presque toutes des pas en arrière.

La mode les a produits, la mode les reniera.

Le commencement de ce siècle nous fournit un exemple remarquable de la mode apparaissant comme un météore qui brille et aussitôt disparaît.

A cette époque, le sentiment national en France indiquait, à ne pas s'y méprendre, un retour vers les formes de l'art antique romain ou grec ; ce sentiment avait été préparé et s'était développé sous l'influence de voyages et d'études pendant la fin du XVIIIe siècle.

Ce sentiment s'affirma dans presque toutes les œuvres architecturales, et dans les produits de l'industrie, comme dans les autres arts.

Il était très-puissant, et c'est alors qu'un grand architecte français, M. Percier, exerça une influence très-considérable sur les produits industriels et sur l'art qu'on appela l'art de l'Empire. Cette désignation a été répétée avec un peu trop de dédain peut-être, par la génération qui a suivi, comme il arrive presque toujours quand il s'agit de juger des prédécesseurs immédiats.

Cependant, cet art n'en restera pas moins comme la manifestation vraie des tendances de cette même époque; c'était bien le sentiment public national.

Ce qui n'empêcha pas qu'au moment où ce sentiment était dominant, au lendemain de la bataille des Pyramides, la mode vint imposer son autorité d'un jour pour faire des parodies d'édifices, de meubles, et de vêtements qu'on appela égyptiens, mais que certes n'aurait pas reconnus un habitant de Thèbes ou de Memphis, s'il lui avait été permis de quitter sa nécropole pour venir nous visiter.

C'était une mode, elle passa.

Il en est d'autres qui depuis ont apparu dans les arts et dans l'industrie; elles ont passé ou elles passeront; je n'en parle pas, leur règne éphémère est peut-être trop près de nous; elles n'ont pas de racines dans le sentiment national contemporain, qui marchera, se transformera lentement et s'affirmera toujours comme l'a si bien dit il y a huit jours celui dont j'occupe la place en ce moment.

J'avais l'intention d'examiner avec vous, messieurs, quel était le sentiment national de notre époque, mais cette question incidente pour le projet qu'il m'a été donné de traiter était la question principale de la première conférence, et ce sujet a été si bien élucidé par les honorables confrères qui m'ont précédé, qu'il y aurait plus que de la témérité à vous en entretenir de nouveau.

D'ailleurs, j'accepte comme vous l'avez acceptée vous mêmes cette conclusion : l'architecture de nos jours est éclectique.

Oui, messieurs, l'architecture est éclectique, c'est pourquoi, et cela rentre dans mon sujet, cet art est applicable à tous les produits industriels.

Éclectique, l'art n'a pas de formes préconçues, et s'il a pour but de s'unir à l'industrie, il l'atteindra sûrement.

La souplesse est en effet un des caractères de l'éclectisme ; il choisit librement, l'art devient personnel. Il n'a qu'une seule loi à suivre, celle d'unir le beau à l'utile. Et tant que notre société restera sensible aux impressions immatérielles, l'influence de l'architecture sur l'industrie sera incontestable. Mais il existe des obstacles à l'exercice de cette influence.

Le premier, peu sérieux, est la crainte exagérée de l'élévation du prix de revient des produits industriels par suite de l'intervention de l'art.

Cette crainte n'est pas fondée, le beau n'est pas le luxe et puisqu'il s'agit pour l'art de déterminer des formes, qu'elles soient belles qu'elles soient laides le prix de revient ne varie pas.

Quant au second obstacle plus grave, c'est à nous architectes qu'il appartient de le faire disparaître.

L'industrie moderne a pris un développement si considérable, ses moyens de production sont devenus si puissants et les capitaux engagés ont une telle importance, que, au grand étonnement des artistes il est vrai, il a pu arriver qu'une société, être collectif à la tête d'une entreprise colossale, a pu oublier que l'architecture était quelque chose et croire que l'industrie était tout. C'est un accident qui a laissé des regrets et qui prouve une fois de plus que le rôle de l'architecture a une grande importance; pour ce cas particulier l'effet est produit.

C'est la fabrication même des produits industriels que nous devrions connaître moins succinctement; nous voulons souvent imposer des formes, faire exécuter des systèmes; nous avons devant nous, non des hommes, ouvriers isolés dont la main se prête à toutes nos indications ; mais des machines puissantes et des outillages compliqués que nous ne connaissons pas assez, qui nous résistent, et si nous n'avons pas cette persévérance, cette vertu de patience qui vient à bout de tout, nous cédons aux résistances des industriels que nous ne pouvons combattre, nous cédons, dis-je, et la routine passe.

Il faudrait donc que l'architecte fût armé un peu plus de la science de la fabrication.

Ces réflexions sont toutes personnelles, mais je crains qu'elles ne soient faites par d'autres, et c'est à la génération qui me suit que je les soumets.

Je ne voudrais pas que de ces derniers mots, on pût croire que nos premiers architectes contemporains n'ont pas su faire plier l'industrie à la loi qu'ils lui imposaient.

Il suffit de vous citer la bibliothèque impériale et celle de Sainte-Geneviève, le palais de Justice, Saint-Augustin et les Halles-Centrales, la colonne de la place de la Bastille et le Louvre, et beaucoup d'autres édifices qui sont présents à votre mémoire.

La céramique, la métallurgie, les bronzes, la plomberie, etc., toutes ces industries portent le cachet brillant de l'influence, je dirai plus de la domination des architectes éminents qui sont la gloire de notre pays.

Là, le beau est intimement lié à l'utile.

L'industrie opulente, même aidée de la science, pourra bien assembler des milliers de quintaux de métal, des milliers de mètres cubes de pierre, elle pourra polir les marbres les plus riches, elle pourra dorer les plus grandes surfaces; l'œuvre sera colossale, elle sera riche si vous voulez, mais elle sera incomplète, la matière ne sera pas animée si l'art, si l'architecture en un mot n'y a pas concouru.

Elle ne sera pas complète, parce qu'elle aura méconnu cette loi primordiale affirmée par les œuvres du Créateur, cette loi de l'union du beau et de l'utile.

Cette loi, et c'est par cette comparaison que je termine, cette loi est comme la domination de la matière par l'esprit, elle peut être transgressée mais jamais abolie; elle existe de toute éternité comme le soleil malgré les éclipses.

Les nations qui les oublieraient deviendraient bientôt barbares par le matérialisme ou barbares par le sensualisme, et l'art, comme l'esprit, irait sous d'autres climats porter son immortel flambeau.

M. le Président. Quelqu'un demande-t-il la parole sur la quatrième question?

Personne n'étant plus inscrit, la série des questions qui devaient être traitées dans cette réunion internationale est épuisée.

Mais, avant de nous séparer, j'espère, messieurs, m'associant de tout cœur au vœu exprimé par M. Stier, que ce premier congrès ne sera pas le dernier et que nous aurons bientôt l'occasion de nous réunir de nouveau. (Adhésion unanime.)

M. César Daly. Je demande la parole pour une observation.

M. le Président. La parole est à M. César Daly.

M. César Daly. Messieurs, je n'ai que très-peu de mots à ajouter à ce que vient de dire notre honorable président. Je ne veux que vous communiquer l'expression d'un vœu qui répondra, j'en suis sûr, aux sentiments qui animent en ce moment la plupart d'entre nous.

Je crois que les conférences qui viennent d'avoir lieu disent assez clairement à tous quel pourrait être l'avantage de réunions de ce genre plus fréquentes.

Nous n'avons pas toujours, il est vrai, l'occasion de former des réunions internationales, mais nous pourrions constituer des réunions nationales dont les portes seraient largement ouvertes à ceux de nos confrères des pays étrangers qui se trouveraient de passage à Paris au moment où elles se tiendraient.

Il me paraît évident que de l'ensemble des études qui se sont produites ici depuis quelques jours, il est ressorti une sorte de lien commun entre nous, et qu'il y a déjà plusieurs idées qu'aujourd'hui nous partageons en commun et qui, sans remonter plus haut que cette dernière quinzaine, étaient encore, pour beaucoup d'entre nous, l'objet d'un doute. Nous avons la conscience de nous être rapprochés sur beaucoup de points. Ce sont, messieurs, des pierres d'attente qui demandent des constructions nouvelles, et nous avons de nouveaux travaux à entreprendre.

Le vœu que je désire exprimer est celui-ci : à savoir, que la Société Impériale et centrale des architectes veuille bien nous donner plus souvent l'occasion de produire nos travaux et de provoquer les efforts de chacun d'entre nous.

Il y a, dans le corps des architectes, toute une série de nos confrères qui se livre à des réflexions sérieuses, à des études que j'appellerai solitaires, puisque jusqu'ici ces études ne se sont pas fait jour vis-à-vis de nos collègues. Aujourd'hui, il est constant qu'il s'est fait, dans le silence du cabinet, des études excellentes qui doivent aboutir à des résultats importants.

Il est bon, il est utile que ces études se produisent au grand jour, que nos efforts soient tous mis en commun, que la lumière se fasse sur tous ces travaux particuliers pour que chacun puisse en tirer profit.

Mon vœu consiste à demander que la Société Impériale et centrale se réunisse plus fréquemment et qu'elle provoque le plus possible des discussions de l'ordre de celles qui ont eu lieu dans cet amphithéâtre depuis quelques jours. (Marques nombreuses d'approbation.)

M. le Président. Le président, ainsi que le bureau, feront tous leurs efforts pour qu'on adhère au vœu exprimé par M. Daly et pour qu'il puisse se réaliser.

M. le président prononce la clôture de la conférence internationale et lève la séance.

ERRATA.

Page 8, ligne 28, *au lieu de :* il tend au *bien*, *lisez :* il tend au *vrai*.
— 15, — 6, *au lieu de :* les formes qu'elle *a créées*, *lisez :* les formes qu'elle *crée*.

Paris. — Imprimé par E. Thunot et Cᵉ, 26, rue Racine.

www.ingramcontent.com/pod-product-compliance
Ingram Content Group UK Ltd.
Pitfield, Milton Keynes, MK11 3LW, UK
UKHW020243180726
13839UKWH00001B/144

9 782329 368337